Martina Meuth &
Bernd „Moritz" Neuner-Duttenhofer

UNSERE 111 BESTEN KÜCHENTIPPS

VORWORT

Mehr als 40 Jahre (zusammen also über 80!) haben wir uns als Journalisten und Fernsehköche mit dem Thema Kochen befasst – da kommt einige Erfahrung zusammen. Über 50.000 Rezepte haben wir veröffentlicht und vorher natürlich auch ausprobiert. Manche – etwa der Mohnkuchen – wurden wohl an die 20-mal modifiziert, bis wir zufrieden waren. Und wieder andere werden ständig abgewandelt, dabei neu entdeckten Produkten geöffnet, neu entwickelten Geräten oder Kochprozessen angepasst und entsprechend umgeschrieben. Im Laufe der Jahre sind uns dabei viele Dinge aufgefallen. Manche kehren immer wieder, und wir können gar nicht oft genug erklären, wie man zum Beispiel aus einer Limette allen Saft gewinnt, warum man eine Fleischbrühe nie kochen lassen und entschäumen soll, welcher Wok ungeeignet ist und wie man den guten pflegt. All das und noch viel mehr finden Sie in diesem Buch. Ebenso Tipps und Tricks zu Einkauf und Zubereitung von derzeit besonders angesagten Produkten – etwa Artischocken und Avocados. Über ihre Qualität, ihre Eigenschaften und Verwendungsmöglichkeiten ist noch viel zu wenig bekannt und es werden unglaublich viele Fehler gemacht.

Unser Erfahrungsschatz ist groß – doch werden Sie bei dem begrenzten Platzangebot in diesem Büchlein längst nicht alles finden, was wir Ihnen mitzuteilen hätten. Aber das, was die meisten von uns derzeit beschäftigt.

Was das ist, wissen wir deshalb gut, weil wir ja auch Kochkurse geben und dabei erfahren, was unsere Schüler können und wissen, was sie nicht richtig machen, was sie alles nicht wissen und welche Probleme und Sorgen sie bei Einkauf, Vor- und Zubereitung oder der Küchentechnik (vor allem der Auswahl, der Handhabung und der Pflege von Messern!) sowie mit Resten und Vorratshaltung haben. Das sind die Kapitel geworden, nach denen das vorliegende Buch gegliedert ist. Manche Dinge tauchen natürlich in zwei oder drei Kapiteln auf – wir verweisen jeweils darauf.

Natürlich gibt's auch in der Küche vielerlei Tipps und Tricks, die kurz und leicht verständlich mitgeteilt werden können. Aber manchmal ist es nicht möglich, die komplexen Zusammenhänge, die beim Kochen eine Rolle spielen, auch in Kürze darzustellen. Was beispielsweise zum perfekten Kochen im Wok führt, ist für uns Europäer unge- wohnt und vielschichtig. Es scheint zunächst kompliziert, weil zum Verständnis viele neue Informatio- nen zusammengeführt und erklärt werden müssen. Hat man sie aber einmal begriffen, ist plötzlich alles ganz einfach ...

Dies und andere in diesem Büchlein angesprochene Sachverhalte und Vorgänge beschreiben und zeigen wir in unseren Sendungen zwar

immer wieder, aber nur selten haben wir Zeit, deren Komplexität so ausführlich darzustellen. Außer- dem finden Sie hier viele Tipps aus unseren Sendungen.

Wir freuen uns, wenn Sie finden, was Sie suchen, wenn Sie hier Neues entdecken und dort befriedigende Bestätigung erfahren, weil Sie alles richtig machen. Wir wünschen Ihnen viel Vergnügen beim Schmö- kern im Buch, tolle Erfolge in der Küche und freudigen Genuss an der Tafel!

EXTRA-TIPP

Hier finden Sie ohne Nummerierung kleine, aber bedeutsame Informationen und praxisnahe Ergänzungen zum eigentlichen Tipp.

REZEPT

Ein Grundrezept wurde ohne eigene Nummer angefügt, wenn der Tipp ohne dieses Rezept nur schwer verständlich wäre.

EINKAUF: PREIS, QUALITÄT UND QUANTITÄT

Es ist eine Binsenweisheit: Je besser das Ausgangsprodukt, desto besser das fertige Gericht! Die Kochlegende Paul Bocuse hat dazu zweierlei bemerkt: „Aus einem guten Produkt macht auch ein schlechter Koch noch ein ordentliches Essen" und „Keine Speise wird besser als das schlechteste darin verwendete Produkt". Das bedeutet: Immer und alles sollte von hervorragender Qualität sein.

Nun brüsten sich Supermärkte und Discounter seit Jahren mit exquisiter Spitzenqualität und haben mit allerlei hochtrabenden Worten sämtliche Qualitätsbegriffe für sich und ihre durchsichtigen Zwecke vereinnahmt und dabei alle Maßstäbe über den Haufen geschmissen.

Man muss sich nur vorstellen, wie viel Ware die vielen Verkaufsstellen einer Kette benötigen, um die Kunden zu versorgen. Schnell wird dann klar, dass Spitzenqualität kaum möglich sein kann, weil hohe Mengen erforderlich sind: Preis, Verfügbarkeit und Quantität also Vorrang haben. Deshalb sollte man sich gut überlegen, was man in den großen Läden kauft. Gewiss führen alle auch gute Markenprodukte, und so manche Marktleiter von Edeka oder Rewe besorgen sich zur Ergänzung des allgemeinen Angebots spezielle Produkte, vor allem aus der Region, die auch höchsten Ansprüchen genügen. Es lohnt sich auf jeden Fall, aufmerksam zu beobachten, was sich hier in Sachen Qualität tut.

Im Prinzip raten wir, immer dort zu kaufen, wo man dem Produzenten oder der Fachfrau oder -verkäuferin ins Gesicht schauen kann. Dem Metzger des Vertrauens, dem mehlbestäubten Bäcker, dem Gemüsebauern auf dem Markt, dem Affineur (Käsereifer und -verfeinerer), bei dem man die besten Rohmilchkäse findet.

Viele Menschen setzen inzwischen nur auf Bio und verpassen damit Produkte aus traditioneller Erzeugung (was für ein unsinniger Sprachgebrauch!), die natürlich Massenprodukt, aber von einem gewissenhaften Produzenten ebenfalls von ausgezeichneter Qualität sein können. Nur Bio nutzt gar nichts, denn auch unter dieser Bezeichnung wird industriell und massenhaft produziert (Fertiggerichte übrigens nach denselben Verfahren, sogar mit den gleichen Anlagen). Es sollte daher immer noch ein spezielles Siegel auf besondere Qualität hinweisen (etwa Demeter).

Wir können hier leider nur den pauschalen Rat geben, die Augen offen zu halten, mit den Verkäufern und Erzeugern zu reden, sie zur Produktqualität zu befragen und denen zu glauben, die Sie mit ihrem Wissen und ihrer Begeisterung

überzeugen. Und: dazu noch die folgenden Tipps zu beachten.

1 Mindesthaltbarkeitsdatum (MHD)

Viele Menschen glauben, das sei ein Verfallsdatum, das Produkt sei nach dem Ablauf nicht mehr genießbar, und schmeißen es ungeprüft weg. Dem ist aber keineswegs so: Das Datum wird vom Hersteller frei nach seiner Überzeugung gewählt (ist also nicht gesetzlich definiert) und soll nur garantieren, dass das Lebensmittel bis dahin – korrekte Aufbewahrung nach Angabe auf der Packung – nichts (oder kaum spürbar) von seiner anfänglichen Qualität verloren hat. Es kann danach durchaus noch eine Weile

(etwa Milch oder Joghurt) genossen werden oder jahrelang (zum Beispiel Gewürzgurken, Pflaumenmus, Knäckebrot, Fischkonserven – siehe Seite 18) gut bleiben bzw. in letzterem Fall sogar besser werden.

EXTRA-TIPP

Produkte, deren MHD demnächst abläuft, kann man oft günstiger kaufen. Im Prinzip gilt: Je länger die ursprüngliche Frist seit der Produktion zurückliegt, desto länger ist das Produkt auch nach Ablauf noch gut. Produkte, die nur eine kurze Laufzeit haben, sind empfindlicher und verderben nach Ablauf schneller.

12
FEBRUAR

Hack-fleisch

09.02.18

2 Wichtig zu wissen

Ein Verfallsdatum (zum Beispiel bei frischem Geflügel, Hackfleisch etc.) bedeutet hingegen, dass das Lebensmittel vor diesem Datum zu verbrauchen ist und zudem ständig unter den als optimal angegebenen Bedingungen (Kühlung) gelagert werden muss. Hier ist immer, besonders aber bei Überschreitung des Datums, Vorsicht geboten. Und eine Geruchsprüfung ist immer angesagt!

3 Reifeprüfung

In jedem Fall sollte man nie etwas wegwerfen, ehe man sich nicht durch Augenschein (etwa Schimmel, dunkle Flecken) und Geruchsprüfung (duftet das Produkt angenehm und arttypisch oder riecht es muffig, säuerlich oder stinkt gar schon) davon überzeugt hat, dass es verdorben ist! Unsere Sinne sind, normal ausgebildet, durchaus geeignet, dies zu beurteilen – sie sind hervorragende Instrumente zur Qualitätsprüfung!

4 Frischmilch oder frische Milch

FRISCHMILCH ist Milch, die gleich nach dem Melken heruntergekühlt und anschließend pasteurisiert

Tipp 2: Bei Überschreitung des Verfallsdatums – besonders bei Fleisch – ist Vorsicht geboten.

wurde (15 bis 30 Sekunden auf 72 bis 75 Grad erhitzt). Sie hat eine garantierte und deshalb auf der Flasche angegebene Haltbarkeit von ein paar Tagen, hält ungeöffnet im Kühlschrank heutzutage dank extremer Sauberkeit allerdings sehr viel (ein bis zwei Wochen) länger, wie man leicht selbst überprüfen kann. Meist ist sie homogenisiert – dazu durch feine Düsen gepresst, um die Fettkügelchen des Rahms zu zertrümmern, wodurch sie nicht nach oben steigen. Bei nicht homogenisierter Milch bildet sich oben ein Sahnepfropfen, der sie zusätzlich konserviert, eventuell bei Überschreiten des MHDs sauer werden kann: perfekte Crème

fraîche! Vor Gebrauch durchschütteln, eventuell Pfropfen entfernen.

FRISCHE MILCH ist eine neu entwickelte Methode der Haltbarmachung. Auf Druck der Milchwirtschaft ist diese Bezeichnung vom Gesetzgeber erlaubt, obwohl eigentlich eine Irreführung: Die Milch wird entweder von der Sahne getrennt und einer Mikrofiltration unterzogen, dann der hoch erhitzte Rahm wieder hinzugefügt und das Ganze bei 75 Grad pasteurisiert oder sekundenlang unter Druck auf 127 Grad erhitzt, so dass sie sehr viel länger als Frischmilch haltbar ist – „hält länger frisch" steht meist darauf, gemeint ist aber: „kann länger im Regal stehen". Dies

Tipp 4: Irreführend ist die Bezeichnung von Frischmilch und frischer Milch – geschmacklich ein großer Unterschied.

Frischmilch   Frische Milch

ist die sogenannte, vom Handel natürlich bevorzugte ESL-Milch, die ein Extended Shelf Live von drei Wochen garantiert; verschlossen und kalt (ebenfalls) noch länger. Frische Milch nach Mikrofiltration kann (fast) wie Frischmilch schmecken, kurzzeiterhitzte jedoch eher wie H-Milch. Leider muss nicht angegeben werden, welches der beiden Verfahren verwendet wurde, obwohl die Kurzzeiterhitzung einen nachhaltigen Effekt hat: Es werden mehr der wertvollen B-Vitamine zerstört und die Milch schmeckt mehr wie die monatelang haltbare H-Milch (bei bis zu 150 Grad für mehrere Sekunden ultrahoch erhitzt): karamellisiert, nicht mehr wirklich frisch. Obwohl genau das draufsteht. Komisch? Leider gar nicht komisch!

5 Milch, Joghurt und Fettgehalt

Das von Natur aus in der Milch enthaltene Fett macht den größten Teil ihres Geschmacks aus. Und der Geschmack wird geprägt durch die Nahrung der Kühe und ihre Produktivität. Die Milch der hochgezüchteten Milchleistungskühe ist zwar auch fett, schmeckt aber nicht mehr so aromatisch wie die der alten, weniger produktiven Rassen – vor allem, wenn sie nicht auf der Weide stehen oder Heu fressen, sondern Silo- oder Kraftfutter bekommen. Wird dieser

Fettgehalt noch stark reduziert, verlieren die Milch und natürlich auch die daraus hergestellten Produkte an Geschmack. Deshalb sollte, wer auf guten Geschmack Wert legt, nur Vollmilchprodukte verwenden. Freilich haben diese mehr Kalorien – aber das kann man schließlich ausgleichen, indem man weniger davon isst: Lieber jeden zweiten Tag einen guten Joghurt als jeden Tag einen schlechten.

Und wer zu Vorspeisen oder Desserts Joghurt verwendet, sollte sich nicht scheuen, griechischen oder türkischen Joghurt zu nehmen: hat zwar 10 % Fett, schmeckt aber auch dreimal so gut!

Tipp 5: Für Nachspeisen eignet sich griechischer oder türkischer Joghurt – mehr Fett, aber auch mehr Geschmack.

6 Süß- und Sauerrahmbutter

Hierzulande ist Butter meist Sauerrahmbutter. Nicht, weil die Sahne vor dem Buttern sauer geworden wäre, sondern weil man sie bewusst säuert: Das erleichtert die Verarbeitung, und die Butter behält den bei der Erzeugung erzielten Geschmack für längere Zeit unverändert. Die Aromen sind allerdings durch die Säuerung verändert, weniger ausgeprägt und weniger durch die natürliche Süße unterstützt.

Süßrahmbutter hingegen verlangt mehr Aufmerksamkeit bei der Herstellung und muss sehr gründlich von allen Eiweißresten befreit (ausgewaschen) werden, weil sie sonst bald einen käsigen Geschmack entwickelt. Dafür hat sie mit der natürlichen Milchsüße mehr Aromen, vor allem, wenn sie den kräuterig-nussigen Geschmack von Almwiesen oder den Duft von Heu mitbringt. Außerdem besitzt sie bessere Koch- und Backeigenschaften.

Tipp 6: Süßrahmbutter besitzt bessere Koch- und Backeigenschaften.

7 Käse

Man sollte nie etwas anderes als Rohmilchkäse kaufen – egal, ob Weichkäse, wie Camembert, oder Hartkäse. Beides bleibt einfach länger frisch – und der Schimmel, der sich nach einiger Zeit an den Schnittseiten im Kühlschrank bildet, lässt sich problemlos abschneiden. Es ist, anders als bei pasteurisiertem Käse, ein natürlicher „guter" Schimmel, unter dem der Käse weiterreift, aber nicht verdirbt.

8 Frische Eier

Manche Menschen schaffen sich Hühner an, damit sie ganz frische Eier bekommen. Das ist nicht nötig. Eigene Hühner braucht nur, wer wohlschmeckende Eier haben und sicher sein will, dass die Tiere es gut haben, artgerecht gehalten und nur mit bestem Futter (vorzugsweise Bio) versorgt werden.

Eier dürfen nicht zu frisch sein! Ein Ei sollte vier oder fünf Tage alt sein, ehe man es zubereitet oder verwendet! Kocht man es vorher, wird das Eiweiß griesig-brüchig, hat noch keine einheitliche Struktur und bricht aus, so dass sich die Schale nicht sauber oder gar nicht entfernen lässt. Im Spiegelei wird das Eiweiß fludrig und vermischt sich mit dem Bratfett. Man kann frisch gelegte Eier auch nicht zum Backen verwenden, weil sich das Eiweiß kaum zu Schnee schlagen lässt.

EXTRA-TIPP

Bio-Eier haben in der Regel ein besseres Aroma und einen höheren Anteil an Omega-3-Fettsäuren, die für Menschen lebenswichtig sind. Hier ist es also sinnvoll, auf Bio zu setzen!

Tipp 8: Eier dürfen nicht zu frisch sein. Bio-Eier haben in der Regel ein besseres Aroma.

9 Aufschnitt

Wurst und Schinken liegen häufig bereits aufgeschnitten in der Kühltheke, damit das Bedienen schneller geht. Meiden Sie diese Stapelware und lassen Sie sich Ihre Auswahl frisch aufschneiden. Und zwar dünn! Selbst wenn man Sie warnt, dass dann die Scheiben nicht so schön fallen oder reißen. Denn je dünner die Scheiben, desto mehr Oberfläche entsteht und desto intensiver kann sich der Geschmack entwickeln.

10 Hackfleisch oder Tatar

Vom Metzger immer frisch durchdrehen lassen, niemals vorgefertigtes oder gar verpacktes, unter künstlicher Atmosphäre konserviertes Hack kaufen! Oder Fleisch pur einkaufen und zu Hause selbst durch den Wolf lassen (Seite 39).

EXTRA-TIPP

Wollen Sie das Hack oder Tatar nicht gleich verwenden, vom Metzger vakuumieren lassen – um es praktisch und platzsparend lagern zu können, am besten als flaches Paket! So kann man es unbesorgt zwei Tage im Kühlschrank aufbewahren oder sogar einfrieren. Nach dem Auftauen aber sofort verbrauchen!

Tipp 9: Lieber drei dünne Scheiben aufs Brot legen als eine dicke. Der Geschmack wird intensiver und die Textur zarter sein!

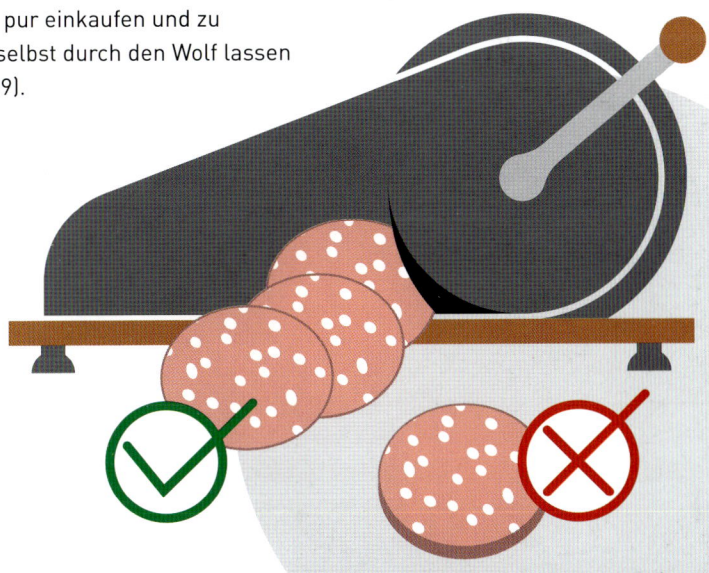

11 Fisch aus der Dose

Fischkonserven haben, im Gegensatz zu in Dosen konserviertem Gemüse, absolute Berechtigung, weil durch das Konservieren eine neue Qualität entstanden ist. Etwa Ölsardinen, Thunfisch, Bonito, Sardellen (Anchovis), Heringe und Makrelen sind – gute Grundqualität und Zutaten vorausgesetzt – ideale Ausgangsprodukte für Snacks und Vorspeisen. Nicht umsonst gibt es inzwischen in vielen Städten Restaurants, in denen etwa Jahrgangs-Ölsardinen die Spezialität sind. Wir haben immer eine gute Auswahl davon im Hause, um schnell etwas auf den Tisch bringen zu können.

12 Eine schnelle Idee

Abgetropfte Sardinen oder Anchovisfilets mit ein paar Tropfen Zitronensaft beträufeln, dazu Cornichons, eingelegte Oliven und knuspriges Brot servieren (vielleicht auch eine aromatische Tomate oder Cocktailtomaten und frische Knoblauchzehen), dazu ein Glas gut gekühlten Wein, etwa provenzalischen Rosé oder Muscat aus Mallorca oder dem Languedoc – und schon stellt sich kulinarisches Glück ein ...

EXTRA-TIPP

- ☐ Darauf achten, dass die Fische in Olivenöl eingelegt sind – das ist immer die bessere beziehungsweise beste Qualität!
- ☐ Kaufen Sie lieber nicht-aromatisierte Sardinen oder Makrelenfilets und fügen Sie selbstgemachte Tomatensauce, frische Zitronenscheiben oder Zwiebelringe hinzu.
- ☐ Niemals Fischkonserven „au naturel" kaufen – die haben zwar weniger Kalorien als die in Olivenöl, sind aber trocken, das Eiweiß ist ausgeflockt und der Geschmack abgrundtief schlecht.
- ☐ Jahrgangssardinen schmecken am besten, wenn das Mindesthaltbarkeitsdatum einige Jahre abgelaufen ist – das Gesetz lässt optimal gereifte Sardinen leider nicht zu.

Tipp 13: Fischkauf ist eine sensible Sache. Deshalb ist es umso wichtiger, dass man einen Fisch-händler hat, dem man blind (besser gesagt: ohne Einsatz der Nase!) vertrauen kann. Er wird Ihnen den gewünschten Fisch nicht verkaufen, wenn er selbst nicht von seiner makellosen Qualität überzeugt ist, sondern Ihnen zu einem anderen, wirklich tadellosen raten. Und wenn Sie etwas Besonderes sicher haben wollen, sollten Sie es rechtzeitig bestellen, damit er die geforderte Qualität auch besorgen kann!

13 Frischer Fisch

Fisch darf als „frisch" bezeichnet werden, wenn er nicht tiefgekühlt war. Ob er dann wirklich frisch ist oder bereits mehrere Tage unterwegs war, muss man selbst überprüfen! Zunächst mit der Nase: Salzwasserfisch, der nicht nach Meer, sondern nach „Fisch" = Eiweißabbau-Substanzen riecht, ist nicht mehr zu empfehlen. Dann lieber zum gleich nach dem Fang eingefrorenen Fisch greifen!

CHECKLISTE FRISCHER FISCH

- ☐ Die Augen sollen klar und vorgewölbt sein, keinesfalls eingefallen.
- ☐ Die Flossenränder dürfen nicht eingetrocknet sein.
- ☐ Die Kiemen müssen rot leuchten, nicht bräunlich oder gar grau sein.
- ☐ Das Fleisch darf nach Finger-druck keine Delle behalten.

14 Artischocken

Gibt's von winzig (fingerkuppenklein aus Italien und der Provence, auch Poivrade genannt) bis riesig (kindskopfgroß aus der Bretagne). Sie schmecken umso besser, je frischer sie sind. Deshalb wurden sie früher mit langem Stiel angeboten, aus dem sie auch nach dem Ernten versorgt wurden. Aus Platz- und daher Kostengründen wird das heute leider nicht mehr gemacht.

Gute Qualität hat einen verhältnismäßig dicken und gerade gewachsenen Stiel – das sind die am besten versorgten Hauptknospen dieser Distelart.

CHECKLISTE FRISCHE ARTISCHOCKEN

☐ Die Blattspitzen dürfen nicht an- oder gar eingetrocknet sein.

☐ Keine faulen Stellen oder dunklen Flecken auf den Knospen.

☐ Der Stiel muss straff und fest, darf nicht weich und biegsam sein.

REZEPT-IDEEN ARTISCHOCKEN

Die größeren Exemplare werden vorzugsweise im Ganzen gekocht und bei Tisch mit einer geknofelten Senf-Vinaigrette verspeist: Man zupft die Blätter ab, taucht das abgerissene fleischige Ende in die Sauce und löst es mit den Zähnen aus. Die zarteren Innenblätter packt man fest an der Spitze und hebt sie als ganze Haube ab. Auch sie in die Sauce tauchen und auslutschen. Dann löst man vom verbliebenen Boden (oder „Stuhl") das stachelige Heu und genießt ihn pur.

Die kleinen Exemplare werden, vor allem wenn sie sehr frisch sind, roh gegessen: schälen, dünn hobeln und mit Zitronensaft, Salz, Pfeffer, Olivenöl und Kräutern (Petersilie oder Basilikum!) als Vorspeisensalat. Vorbereitung siehe Seite 33. Oder sie werden nach dem Schälen gedünstet, gebraten oder geschmort.

15 Avocados

Keine andere Frucht ist derzeit beliebter! Seit man sie auch bei uns reif, also zum sofortigen Verzehr bereit kaufen kann, hat sie einen unglaublichen Siegeszug angetreten. Je nach Herkunft und Jahreszeit gibt es verschiedene Sorten, so dass sie – wir müssen sie ja immer importieren(!) – das ganze Jahr über zur Verfügung stehen. Früher hat man geraten, durch Druck mit dem Finger den Reifegrad zu überprüfen, was aber schlecht geht, denn es gibt dünn- und dickschalige Sorten: Die dünnschaligen (Sorten: birnenförmig „Fuerte"; mittelgroß „Ettinger"; groß, fast rund „Nabal") werden durch Druck beschädigt, wenn sie reif sind (gibt musige Konsistenz und schwarzes Fruchtfleisch), bei den dickschaligen (Sorte „Hass") kann man kaum etwas erfühlen. Also: den Angaben im Laden Glauben schenken und eventuell unliebsam überrascht werden. Noch unreife, harte Früchte zusammen mit einem reifen Apfel in Zeitungspapier packen und bei Zimmertemperatur nachreifen lassen.

Tipp 15: Je nach Herkunft und Jahreszeit gibt es verschiedene Sorten Avocados.

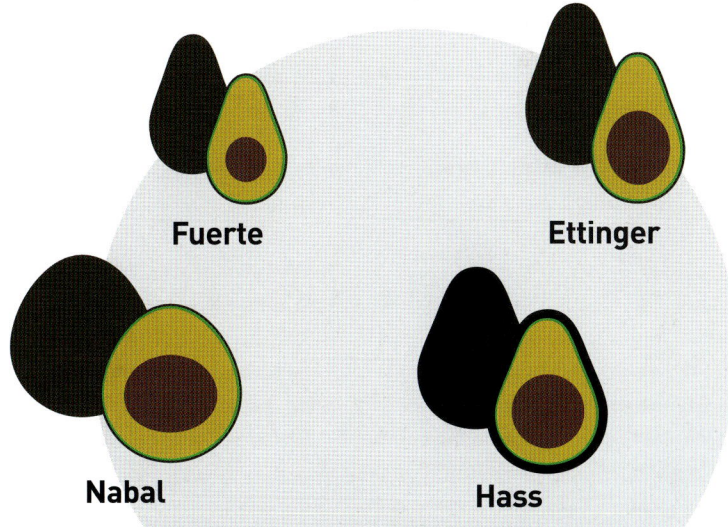

Fuerte

Ettinger

Nabal

Hass

16 Gemahlener Mohn

Mohn selbst mahlen ist nicht einfach (siehe Seite 45) – deshalb ist es gut, dass man inzwischen bereits gemahlenen Mohn im Vakuumpack finden kann. Was nicht gleich verbraucht wird, unbedingt einfrieren, weil der Mohn sonst oxidiert und ranzig wird.

17 Paprikapulver

Paprika gibt's in verschiedenen Farben und Schärfegraden: leuchtend rot als milden „Delikatesspaprika", aus dem reinen getrockneten Fruchtfleisch milder Schoten; leicht scharf und noch schön rot als „Paprika edelsüß" mit wenig Kernen und Scheidewänden von scharfen Schoten, die man eigentlich zu den Chilis zählen kann; und richtig scharf und etwas bräunlich wegen der in Gänze vermahlenen Schoten als „Rosenpaprika" oder „scharf".

18 Paprika oder Chili?

Eigentlich ist der Übergang von Paprika zu Chili nicht genau festzulegen – sie gehören zur gleichen Pflanzenfamilie und können untereinander gekreuzt werden. Letztlich entscheidet nur der Schärfegrad, ob man sie noch zu den Paprikaschoten (gar nicht oder kaum spürbar scharf) oder bereits zu den Chilis (gerade eben spürbar bis höllisch scharf) rechnet.

19 Chili: wie scharf?

Leider kann man den Schärfegrad von Chilis nicht von ihrem Erscheinungsbild ableiten. Weder sind sie grün weniger scharf als rot, die kleinen sind nicht unbedingt schärfer als die großen und die Form sagt auch nichts aus: Inzwischen gibt es Sorten, die sind winzig und nicht mehr scharf, den extrem scharfen Habaneros haargenau gleichende milde Schoten, und die Pimientos de Padrón (Bratpaprika) sind zwar meist mild, aber manchmal auch ziemlich scharf, weshalb es heißt: „unos pican e otros no", einige brennen und andere nicht.

REZEPT: PIMIENTOS DE PADRÓN

Die gewaschenen und äußerst gründlich abgetrockneten (sonst spritzt's enorm!) Pimientos in rauchend heißem Olivenöl scharf braten. Öfters wenden, bis sie rundum dunkle Blasen haben.

Reichlich grobes Meersalz drüberstreuen und durchrütteln. Sofort mit gutem Weißbrot servieren. Und einem Glas trockenem Weißwein oder Rosé. Einfacher, aber größter Genuss!

Tipp 18 und 19: Letztlich entscheidet nur der Schärfegrad, ob man Paprikaschoten oder Chili vor sich hat. Ohne Kerne und Scheidewände sind die Chilis weniger scharf.

Angegeben wird die Schärfe von Chili oft in Stufen von 1 bis 10 – die Einordnung ist ziemlich beliebig, die neuesten Entdeckungen oder Züchtungen sind meist nicht berücksichtigt. Außerdem kommt es darauf an, unter welchen Bedingungen die Chilis gezogen wurden – in tropischer Hitze werden sie schärfer als im deutschen Sommer. Und es kommt darauf an, was verkostet wurde: Die Spitze ist weniger scharf als das Fruchtfleisch in Stielnähe, am schärfsten sind die Scheidewände, an denen die Kerne sitzen. Diese selbst sind nicht scharf, aber ihre Haut hat's in sich!

Gemessen wird die Schärfe von Chili in Scoville, benannt nach einem Arzt, der bereits 1912 eine Tabelle erarbeitet hat. Es wird der Faktor der Verdünnung mit Wasser angegeben, bei der gerade noch Schärfe feststellbar ist. Heute macht das ein spezielles Messgerät über Hochleistungsflüssigkeitschromatographie. Die Maßeinheit ist SHU = Scoville Heat Units. Was genau klingt, aber doch Schwankungen unterworfen ist. So werden in verschiedenen Tabellen sehr verschiedene Einordnungen vorgenommen, denn tatsächlich kann die Bandbreite des Capsaicingehaltes bei verschiedenen Pflanzen einer Sorte (aber auch bei Früchten einer einzigen Pflanze – siehe Pimientos de Padrón!) sehr unterschiedlich sein.

SCHÄRFEGRADE CHILI

Tipp 19: Die Maßeinheit einiger Chilisorten ist hier in
SHU = Scoville Heat Units angegeben.

(0) KEIN SCHÄRFEGRAD

Gemüsepaprika, Corno di Bue (Stierhorn)

(1) NAHEZU KEINE SCHÄRFE – BIS 1.000 SHU

Lombardo, Feher (ungarische Frühstücks-
paprika), große grüne türkische Chili

EXTRA-TIPP

Wer die Schärfe fürchtet,
sollte Kerne und Scheide-
wände entfernen – vor-
sichtig, mit Handschuhen
(Einweghandschuhe!),
danach die verwendeten
Geräte gründlich abwa-
schen. Außerdem: Nimmt
man nur das Fruchtfleisch,
wird man mit dem
reinsten und intensivsten
Fruchtaroma belohnt!

(2) MILD – BIS 2.000 SHU

Anaheim, Pasilla, Poblano,
mittlere grüne türkische Chili

(3) MILD SCHARF – BIS 3.000 SHU

Cascabel, Pimenton de la Vera

(4) LEICHT SCHARF – BIS 5.000 SHU

ungarische und ligurische Kirsch-
paprika, kleine grüne und rote
türkische Chili, Piment d'Espelette

(5) ZIEMLICH SCHARF – BIS 10.000 SHU

Jalapeño

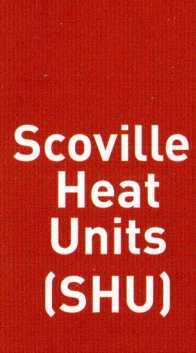

Scoville Heat Units (SHU)

(6) SCHARF – BIS 20.000 SHU

Serrano, Criolla Sella, lange oder große Cayenne (Long John)

(7) SEHR SCHARF – BIS 50.000 SHU

kalabrische Peperoncini, scharfe ungarische, Cedrino, Lemon Drop, Aji Limon, Rocoto Manzano Amarillo, gelber Rocoto

(8) SEHR, SEHR SCHARF – BIS 100.000 SHU

Thai, Tabasco, kleine Cayenne, de Arbol, roter Rocoto, Piri Piri

(9) TEUFLISCH SCHARF – BIS 350.000 SHU

Vogelaugen-Chili (Birdeye), Madame Jeanette, weißer, hellgrüner und gelber Habanero, Fatali

(10) HÖLLISCH SCHARF – BIS 500.000 SHU

roter, oranger und brauner Habanero, Habanero White Bullet, Caribbean Red, Martinique, Scotch Bonnet, Red Savina

(10+ – 10+++) EXTREM = FAST UNERTRÄGLICH BIS LEBENSGEFÄHRLICH SCHARF (BIS ÜBER 2.000.000 SHU)

Naga Bhut Jolokia, Naga Morich, Trinidad Scorpion, Carolina Reaper

VORBEREITEN – ODER „MISE EN PLACE"

In der normalen europäischen Hausfrauenküche spielen die Vorbereitungen traditionell nur eine untergeordnete Rolle, denn vor allem bei Gerichten mit langer Garzeit hat man immer wieder Pausen, in denen die verschiedenen Arbeitsschritte nach und nach erledigt werden können, wie im (gut verfassten) Rezept beschrieben.

Die moderne Technik (Mikrowellengerät, Dampfgarer, Induktionskochfeld) und die Verwendung asiatischer Kochtechniken, vor allem die Zubereitung im Wok, machen jedoch kürzere Erwärmungs- und Garzeiten und damit geschmackvollere und gesündere Speisen möglich. Und das bedeutet, dass es praktisch oder sogar nötig ist, wenn vor der eigentlichen Zubereitung die vorbereitenden Arbeiten wie Waschen, Häuten, Schälen, Zerlegen, Entbeinen, Filetieren, Hobeln, Würfeln, Reiben, Blanchieren und Abschrecken erledigt werden. In der Restaurant-Küche nennt man diese Vorarbeiten „Mise en Place", frei übersetzt „in Warteposition bringen", denn wenn die Gäste kommen, ist keine Zeit mehr dafür und alle Zutaten müssen zur zügigen Zubereitung verwendungsfähig bereitstehen. Das meiste versteht sich von selbst oder wird in Rezepttexten erklärt. Aber einige Hinweise möchten wir dennoch geben:

Vorbereitungen wie Waschen, Häuten, Schälen, Zerlegen, Entbeinen, Filetieren, Hobeln, Würfeln, Reiben, Blanchieren und Abschrecken nennt man „Mise en Place".

20 Zitronen und Limetten ausdrücken

Sie sind Geschwister, aber sie verhalten sich vollkommen anders! Jeder weiß: Eine Zitrone wird halbiert – durch den „Äquator" – und dann auf einem gerippten Kegel mit Druck hin und her gedreht. Vorher rollt man sie mit der flachen Hand drückend auf einer ebenen Unterlage, damit schon einige Zellen zerstört werden und mehr Saft herauskommt. Neben der klassischen Zitronenpresse ist vor allem ein Handgerät sehr praktisch.

Versucht man dasselbe mit einer Limette, gewinnt man nur wenig Saft. Ihr Zellaufbau ist anders und deshalb muss man sie, nach dem „Rolldrücken", anders aufschneiden: Zunächst parallel zur Längsachse Stielansatz – Blütenspitze ein Segment (Kappe) abschneiden, dann auf die Schnittstelle legen und zwei weitere Segmente schräg so abschneiden, dass nur ein Mittelstück übrig bleibt. Die Segmente in der Hand zusammendrücken und auspressen – ergibt eine maximale, erstaunliche Saftausbeute!

Tipp 20: Im Gegensatz zur Zitrone wird die Limette nicht durch den „Äquator" halbiert, sondern in drei Segmente um die Mitte aufgeschnitten.

21 Avocados vorbereiten

Avocado rundum mit einem großen Messer bis auf den Kern einschneiden, dann die beiden Hälften gegeneinander verdrehen, bis sie sich lösen. Mit dem Messer auf den Kern hacken und ihn durch Kippen des Messers herausdrehen – Vorsicht, damit man nicht die Finger oder gar den Puls erwischt! Die Hälften innen mit Zitronen- oder Limettensaft beträufeln und abreiben, damit sie sich nicht dunkel verfärben (oxidieren). Man kann das Fleisch einfach salzen und pfeffern und mit einem Teelöffel auslöffeln. Mit einem feinen Salat (aus Krebs-, Garnelen- oder Krabbenfleisch, Kräutern und Gemüsewürfelchen) füllen und genießen. Das Frucht-

AVOCADOS VORBEREITEN

Tipp 21: Vorsichtig mit dem Messer auf den Kern der Avocado hacken und ihn durch Kippen des Messers herausdrehen.

fleisch ausschaben und zu einer Creme zerdrücken (Rezept: Seite 76). Die Frucht vorsichtig schälen, die Hälften quer in Scheibchen schneiden und diese auf dem Teller schräg drücken – sieht sehr dekorativ aus und eignet sich als Beilage zu Fisch oder Fleisch. Oder das Fleisch würfeln und als Salatzutat verwenden.

REZEPT: KARTOFFEL-CURRY MIT AVOCADO

Eine fein gewürfelte **ZWIEBEL** in wenig **ÖL** andünsten, nach einigen Minuten 2 ebenso fein gehackte **KNOBLAUCHZEHEN** zufügen. 1 TL **THAI-CURRY-PASTE** (rot oder grün) mitrösten. 4 große, in zentimetergroße Würfel geschnittene **KARTOFFELN** zufügen, 1 Glas **WASSER** angießen und zugedeckt langsam gar kochen. Erst dann 1/8 l **KOKOSSAHNE** unterrühren. Die jetzt angenehm cremige Sauce mit **FISCHSAUCE** (Nam Plaa bzw. Nuoc Mam), frisch gepresstem **LIMETTENSAFT**, einer Prise **ZUCKER** und **SALZ** abschmecken. Reichlich gehackten **KORIANDER** und 1 gewürfelte **AVOCADO** vorsichtig untermischen. Nur eben warm werden lassen und servieren.

22 Tomaten häuten

Tomatenhaut ist nicht nur unangenehm im Mund, sie ist unverdaulich. Man sollte sie vor dem Verarbeiten entfernen. Im Sommer, bei am Stock ausgereiften Früchten, ist das einfach: Die Haut lässt sich leicht abziehen. Die meiste Zeit des Jahres allerdings bekommt man Tomaten nicht im sonnenreifen Zustand. Dann muss man sie zum Schälen mit kochendem Wasser überbrühen. Dafür die Früchte aber bitte nicht kreuzweise einritzen, wie das fast überall empfohlen wird! Das heiße Wasser spült die schützende Haut weg, legt das empfindliche Fruchtfleisch bloß und laugt das Tomatenfleisch aus. Besser: Die Tomaten in einer Schüssel ohne jede Vorbehandlung mit kochendem Wasser übergießen, bis sie vollkommen bedeckt sind. Nach 20–30 Sekunden abgießen und die Tomaten dann sehr schnell und gründlich abkühlen. Es muss jetzt nämlich der Garprozess abgebrochen werden, dann löst sich die Haut glatt und der Farbstoff, der direkt unter der Haut sitzt, kann ins Tomatenfleisch eindringen – nur so bleibt es schön rot.

23 Paprika häuten

Die Haut von Paprika kann nicht verdaut werden und wird von vielen Menschen schlecht vertragen.

24 Gemüse blanchieren

Gemüse nach folgender Anleitung blanchieren, dann bleibt es beim Dünsten (mit bereits glasigen Zwiebeln und/oder Knoblauch, mit Kräutern und Gewürzen, in Butter oder Öl) oder im Salat schön knackig und grün.

1 Wasser in einem großen Topf aufsetzen und auf höchster Stufe zum Kochen bringen, dabei Deckel auflegen, um Energie zu sparen.
2 Je mehr Wasser Sie nehmen, desto mehr Energie verbrauchen Sie zwar, aber desto besser das Ergebnis: Eine geringe Wassermenge würde durch das Blanchiergut zu stark abgekühlt, bis das Wasser wieder kocht, könnte es zu weit garen.
3 Erst unmittelbar vor dem Aufkochen salzen – auch das spart Energie.
4 Das Wasser stark salzen (20 bis 25 g/l – besonders grüne Bohnen, denn ihr festes Gewebe nimmt das Salz kaum auf).
5 Größere Mengen in Partien blanchieren, damit das Wasser nicht zu stark abkühlt und immer am Kochen bleibt.
6 Junge Erbsen oder Spinat sind nach 1 Minute fertig, dagegen brauchen Mangoldblätter 2–3 Minuten, ebenso Lauch- und Zwiebelstreifen, streichholzfein

Die Schoten unter dem Grill im Backofen oder im auf 250 Grad vorgeheizten Ofen (ohne Grill) rösten, bis die Haut Blasen wirft – entweder in einer feuerfesten Form oder auf Alufolie. Dann mit einem feuchten Tuch zudecken oder in eine Tiefkühltüte packen und etwas abkühlen lassen. Danach lässt sie sich leicht ablösen. Beim Schälen und Zerteilen über der Form/Folie arbeiten und den Saft auffangen, später zum Gericht geben. Sollen die Paprika roh verwendet werden, einen Sparschäler zu Hilfe nehmen.

GEMÜSE BLANCHIEREN

Tipp 24: Grüne Bohnen sollte man vor der Zubereitung immer zwei bis sechs Minuten in Salzwasser blanchieren (je nach Dicke).

geschnittener Sellerie, Möhren, weiße Rübchen oder Rote Bete.

7 Das Blanchiergut mit einer Schaumkelle herausheben, nur wenige Sekunden abtropfen lassen und sofort in bereitgehaltenem Eiswasser oder unter fließendem Kaltwasser abkühlen, damit der Garprozess unterbrochen wird und die Knackigkeit erhalten bleibt!

25 Artischocken vorbereiten

Klassisch ist es, sie gedämpft oder gekocht im Ganzen zu servieren. Jeder zupft sich Blatt für Blatt ab, tauscht es in eine Sauce und zuzelt den fleischigen Blattansatz aus – das grüne Fondue (siehe Seite 20).

In den meisten Kochbüchern steht, man solle zuvor die Blattspitzen abschneiden – fast immer unnötig, denn 95 % der in Deutschland angebotenen Artischocken stammen von Sorten, denen man die spitzen Dornen auf den Knospenblättern (es handelt sich ja um die Knospe einer Distelart) inzwischen weggezüchtet hat.

Will man Artischocken als feines Gemüse servieren, muss man sie roh schälen und vorbereiten, dann in Olivenöl braten oder in einem würzigen Weinsud kochen (à la Barrigoule). Oder roh in Scheiben schneiden und als Salat servieren (siehe Seite 20).

Von den großen bretonischen Artischocken nimmt man in der gehobenen Küche auch gern die Böden zum Füllen. Dazu muss noch mehr weggeschnitten werden: Die Artischocke seitlich auf eine Tischkante legen und mit voller Kraft den Stiel herausbrechen und damit die Fasern aus dem Boden reißen. Die oberen zwei Drittel quer abschneiden, mit einem scharfkantigen Löffel alles Heu (Stroh) aus dem Herzen schaben, den Boden nun rundherum

sauber zuschneiden und von allen harten Teilen befreien. In mit Zitronensaft und Salz versehenem Wasser bissfest kochen. So vorbereitet kann der Boden beliebig gefüllt und überbacken werden.

EXTRA-TIPP
ARTISCHOCKEN SCHÄLEN

- ☐ Zuerst quer die obere Hälfte mit einem großen Messer beherzt abschneiden.
- ☐ Dann mit dem kleinen Officemesser alles Harte rundum großzügig wegschneiden.
- ☐ Den Stiel auf 2 bis 3 cm kürzen, ihn und den Boden sauberschneiden, von Fasern befreien und glätten.
- ☐ Sofort mit einer Zitronenhälfte abreiben, damit sie sich nicht verfärben.
- ☐ Die Herzblätter aufbiegen und spitze Blätter und das stachlige Heu darunter mit einem scharfkantigen Löffel oder Kugelausstecher ausschaben.
- ☐ In mit Zitronensaft gesäuertes Wasser legen.
- ☐ Die geputzten Herzen in Spalten, Viertel oder Hälften schneiden und bis zum Gebrauch im Zitronenwasser aufbewahren.

ARTISCHOCKEN SCHÄLEN

Tipp 25: Will man Artischocken als feines Gemüse servieren, muss man sie roh schälen und vorbereiten.

REZEPT-IDEEN

Artischockenboden mit einem beliebigen Ragout (gemischtem Gemüse, Ragout fin – wie für Königinpastetchen – einem Hühnerfrikassee oder einem pochiertem Ei, siehe Seite 74) überhäufen, mit einer dicken weißen Sauce (Béchamel- oder Zwiebelsauce) und geriebenem Käse, einer dick gehaltenen Holländischen Sauce oder Béarnaise (Rezept: Seite 81) bedecken und überbacken.

26 Hülsenfrüchte

Richtig vorkochen: Große Bohnenkerne, Kichererbsen und Erbsen kann man vor dem Kochen ein paar Stunden oder über Nacht in

Tipp 26: Große Bohnenkerne, Kichererbsen und Erbsen vor dem Kochen einweichen.

kaltem Wasser einweichen. Kleine und halbierte Erbsen und Linsen werden besser direkt aufgesetzt, geschälte Linsen auf keinen Fall vorgeweicht – sie sind in wenigen Minuten gar.

1 NIE SPRUDELND KOCHEN, sonst verhärtet das in ihnen enthaltene, so wertvolle Eiweiß, das dann auch unverträglicher wird.

2 Immer **VON ANFANG AN SALZ INS KOCHWASSER** geben – auch wenn in vielen Rezepten anderes gefordert wird: Sie bleiben sonst fad und schmecken langweilig. Sie werden trotzdem weich und zart, vorausgesetzt, man lässt sie nicht sprudelnd kochen, sondern nur unter dem Siedepunkt gar ziehen.

EXTRA-TIPP

Nicht alle Hülsenfrüchte gleich fertig zubereiten, sondern eine halbe Tasse gekochte Bohnen oder Linsen aufbewahren. Daraus entsteht im Handumdrehen ein wunderbarer Aufstrich für Crostini – einfach im Mixer oder mit dem Pürierstab mit Zwiebel/Knoblauch, frischen Kräutern, Essig oder Zitronensaft und Olivenöl pürieren.

27 Zwiebeln andünsten

Fein gewürfelte Zwiebeln sind eine gebräuchliche Würze. Viel zu oft muss man erleben, dass die Zwiebeln roh unter zartes Gargut gemischt werden und dann nicht gar sind – sehr unangenehm, sowohl geschmacklich wie von der Konsistenz her. Am praktischsten ist das Weichdünsten in der Mikrowelle: Fein gewürfelte Zwiebel in eine Tasse geben, etwas Öl oder Butterflöckchen darauf, mit Klarsichtfolie abdecken und 4 Minuten bei mittlerer Leistung dünsten – fertig! Alles gleichmäßig gar, nichts angebrannt, keine Pfanne zu spülen.

28 Ein Huhn zerlegen

Ein ganzes Huhn ist mehr als die Summe seiner Einzelteile! Das zu sagen, werden wir nie müde.

Um es als Ragout zuzubereiten, wird es in acht Portionsstücke geteilt: Zunächst mit der Geflügelschere entlang des Rückgrats und des Brustbeins in zwei Hälften teilen. Die Schenkel abtrennen und im Gelenk in Ober- und Unterschenkel teilen. Die Flügel mit jeweils einem kleinen Stück der Brust abschneiden und die Flügelspitze entfernen. Schließlich die Brüste vom Gerippe lösen (dieses für Brühe verwenden – Seite 99).

REZEPT: GESCHMORTES HUHN

Die Teile häuten – geschmort schmeckt die Haut leider nicht so gut wie gegrillt oder gebraten. (Extra-Tipp: Die Haut kleinschneiden, langsam im eigenen Fett zu Kruspeln braten!) – rundum anbraten, klein geschnittenes **WURZELGEMÜSE, KRÄUTER** und **GEWÜRZE** nach Geschmack zufügen. Ist alles goldbraun, die empfindlichen Bruststücke herausnehmen. Etwas **ZITRONENSAFT** oder **WEIN** sowie **GEFLÜGELFOND** angießen und langsam gar schmoren. Falls Innereien vorhanden sind, diese waschen, putzen und (außer der Leber) zufügen.

Zum Schluss die in zwei Teile geschnittenen Bruststücke wieder einlegen und bei milder Hitze ebenfalls gar ziehen lassen. Abschmecken, eventuell mit **BUTTER** oder **SAHNE** abrunden.

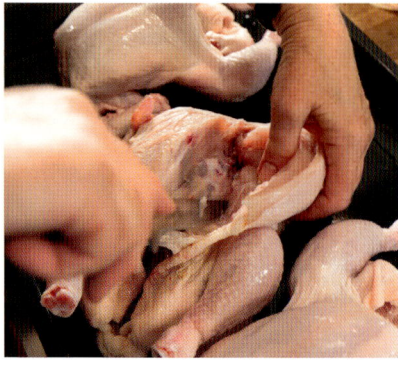

Tipp 28: Ein ganzes Huhn ist mehr als die Summe seiner Einzelteile!

29 Geflügelfond als Saucenbasis

Für einen Fond das Gerippe, in der Fachsprache Karkasse genannt, mitsamt den Flügelspitzen, Füßen, Rückgrat und Hals klein hacken und mit den Hautstücken, Wurzelgemüse, Kräutern und Gewürzen in Butterschmalz oder Öl scharf anrösten. Mit Wasser (und Weißwein) ablöschen und einkochen, bis kaum mehr Flüssigkeit vorhanden ist. Nochmals aufgießen, wieder auf die Menge einer Tasse einkochen. Durch ein feines Sieb oder Tuch abseihen.

Nicht gleich verbrauchten Fond im Eiswürfelbehälter einfrieren. Die Würfel auslösen und locker in einem Gefrierbeutel im Tiefkühler aufbewahren – zum Verfeinern von Saucen.

EXTRA-TIPP: LEBERCREME

Die Hühnerleber, deren Eigengeschmack nicht in den Fond passt, lieber gleich kurz braten, damit sie innen rosa bleibt, und „vernaschen" oder anderweitig verwenden. Zum Beispiel mit gleicher Menge Butter (und frischen Kräutern, etwa Schnittlauch und Petersilie, Estragon oder Basilikum) aufmixen: als Brotaufstrich.

30 Hackfleisch und Tatar

Das Fleisch unbedingt durch den Fleischwolf (feine Scheibe) drehen, niemals mit dem elektrischen Zerhacker zerkleinern! Dadurch wird die Struktur zerstört, das Fleisch beginnt zu schmieren. Gegart wirkt es wattig-zäh, entwickelt keinen saftig-körnigen Biss.

31 Richtig wolfen

Dreht man Fleisch für Buletten selber durch (feine Scheibe), zum Schluss das Brot (Brötchen) durchlassen, um alles Fleisch herauszutreiben und das Gerät sozusagen zu reinigen. Beim Wurstmachen (mittlere Scheibe) abwechselnd fette und fleischige Partien in den Wolf geben, zwischendurch Zwiebel, Knoblauch und Kräuter durchlassen.

EXTRA-TIPP

Frikadellen, Buletten oder Fleischpf(l)anzerl – österreichisch Flaaschla(i)berl – werden durch altbackene, eingeweichte Brötchen (oder Weißbrot) lockerer. Ob Sie zum Einweichen Wasser oder Milch nehmen, ist Geschmackssache: Milch gibt mit ihrem Fettgehalt mehr Geschmeidigkeit, Wasser ist völlig neutral. Sie könnten auch Brühe nehmen oder, wenn das Aroma passt, Wein oder Apfelsaft. Ob die Flüssigkeit kalt oder warm eingesetzt wird, spielt für den Geschmack keine Rolle – mit warmer wird die Einweichzeit etwas verkürzt, zudem kann sie besonders harte Teile der Brotkruste leichter (und schneller) aufweichen.

Brät man pures Hackfleisch als Scheibe, wird daraus ein kompakter Burger, der sein Brötchen ja äußerlich verpasst bekommt.

Tipp 31: Als letzten Arbeitsgang beim Wolfen Brot oder Brötchen durchlassen, um alles Fleisch herauszutreiben und das Gerät sozusagen zu reinigen.

REZEPT: BULETTEN

2 **BRÖTCHEN** vom Vortag mit 125 ml heißer **MILCH** übergießen und einweichen. **ZWIEBEL** und **KNOBLAUCH** fein würfeln und in der **BUTTER** weich dünsten (siehe Seite 37), zum Schluss 2 gehäufte EL gehackte **PETERSILIE** zufügen. Abkühlen lassen. Brötchen ausdrücken, mit 500 g **HACKFLEISCH** und 1 **EI** in einer Schüssel mit 1 TL **SENF**, 1 Spritzer **WORCESTERSHIRE SAUCE, SALZ, PFEFFER, DELIKATESSPAPRIKA** und einer Spur **CAYENNE** würzen und mit der abgekühlten Zwiebel-mischung innig vermischen – am besten mit den Händen durcharbeiten.

Sehr kräftig abschmecken, denn beim Braten verliert sich die Würze. Flache Küchlein formen und in heißem Fett braten (für einen kräftigen Geschmack vorzugsweise **OLIVENÖL** oder **BUTTERSCHMALZ**). Besonders kross werden sie, wenn man sie unmittelbar vor dem Braten in **MEHL** wendet. Mit anderen **GEWÜRZEN** (Kreuzkümmel, Muskatnuss, Curry-pulver, Ingwer) und Kräutern individuell abschmecken!

32 Der Zartmacher-Trick

Geschnetzeltes – Fleischstreifen, aber auch Würfel oder Scheiben von Fisch oder Garnelen – wird besonders zart, wenn man es auf chinesische Art behandelt: Mit einem Löffel Stärke (aus Reis, Mais oder Kartoffeln) bestreuen und mit den Fingern durchmischen, geradezu massieren. Eventuell mit Soja- oder Fischsauce würzen. Beim Pfannenrühren verbindet sich in der Brathitze das Eiweiß mit der Stärke zu einer schützenden Schicht, die das Fleisch wunderbar zart und saftig hält.

Funktioniert nicht nur bei chinesischen Gerichten im Wok, sondern

ZARTMACHER-TRICK

Tipp 32: Fleischstücke – oder auch Fisch und Garnelen – werden besonders zart, wenn man sie vor dem Braten mit Stärke behandelt.

auch Zürcher Geschnetzeltes oder Filetspitzen werden in der Pfanne so unnachahmlich zart.

33 Fisch: die Drei-S-Methode

Säubern, säuern, salzen – das gilt für jede Art von Fisch, für ganze Tiere wie für Filets. Wobei es heute längst nicht mehr so wichtig ist wie früher, denn die Verarbeitungsschritte und -weisen, die Kühlmöglichkeiten und die Transportzeiten haben sich geradezu drastisch verbessert – gestern in der Adria oder an der bretonischen Küste gefangen, ist der Fisch schon heute bei unserem Fischhändler.

1 Das **SÄUBERN**, also Abwaschen, ist wichtig, weil der Fisch in und auf Eis gekühlt wird, also mit Fremdmaterial in Berührung kommt und bakteriell infiziert sein könnte. Dazu gehört auch das Ausnehmen und Säubern der Bauchhöhle, das Befreien von spitzen Flossen und den Schuppen – Arbeiten, die man dem Fischhändler überlassen kann, wenn man den Fisch am selben Tag zubereitet. Muss er noch einen oder gar zwei Tage warten, sollte man das erst unmittelbar vor der Zubereitung selbst machen. Also den Fisch unter fließendem kalten Wasser waschen.

2 Das **SÄUERN** (vorzugsweise mit Zitronensaft) sollte einst in erster Linie den Geruch binden, dient aber auch zur Desinfektion und macht das Fleisch fester.

3 Das für vollen Geschmack unbedingt nötige **SALZEN** darf immer erst unmittelbar vor der Zubereitung erfolgen, denn Salz entzieht dem Fisch Wasser, jede Wartezeit würde ihn trocken und faserig-zäh werden lassen.

34 Krustentiere töten und garen

In Deutschland ist das Töten von Krebsen, Krabben, Hummern, Langusten, Kaisergranat (Scampi), Taschenkrebsen und Meerspinnen nur auf eine Weise zugelassen: Die Tiere müssen kopfüber in kochendes Salzwasser geworfen werden. Alles andere gilt als Quälerei, das Erstechen oder Zerschneiden mit dem großen Kochmesser oder Küchenbeil, wie die Asiaten es machen, als verbotene Vivisektion.

In Frankreich werden die Tiere oft in kaltem Salzwasser aufgesetzt, das Wasser so schnell wie möglich zum Kochen gebracht. Da der Sauerstoffgehalt im Wasser schnell sinkt, verlieren die Tiere rasch das Bewusstsein und leiden nicht, ihr Fleisch bleibt locker und saftig.

DIE DREI-S-METHODE

Tipp 33: **SÄUBERN, SÄUERN, SALZEN** – das gilt für jede Art von Fisch, für ganze Tiere wie für Filets.

Wie dem auch sei: Will man Hummer, Langusten oder Krebse töten, so wirft man sie kopfüber in eine sprudelnd kochende Flüssigkeit (Salzwasser oder gut gewürzte Gemüsebrühe). Nehmen Sie einen großen Topf voll, denn die Tiere würden in zu wenig Flüssigkeit diese stark abkühlen und nicht sofort getötet. Arbeiten Sie partienweise, 2 Minuten Kochzeit sollten nicht überschritten werden.

Zum Fertigkochen anschließend nur in der heißen Flüssigkeit ziehen, nicht mehr kochen lassen – Krebse nur wenige Minuten, Hummer und Langusten je nach Größe bis zu 15 Minuten. Oder die Tiere zerteilen, eventuell das Fleisch aus den Schalen lösen und nach Rezept weiterverarbeiten.

Tipp 34: Will man Hummer, Langusten oder Krebse töten, so wirft man sie kopfüber in eine sprudelnd kochende Flüssigkeit (Salzwasser oder gut gewürzte Gemüsebrühe).

35 Frischkäse aus Joghurt

Leider kann man bei uns nur selten Ricotta kaufen – das ist eine Art Frischkäse, den man aus der Molke erhält, die bei der Käseproduktion anfällt und die man noch einmal erhitzt. Diese Ricotta (ital. für „noch einmal gekocht") ist nicht so säuerlich wie Quark und wird vielfältig in der Küche eingesetzt, vor allem für Füllungen von Ravioli. Man kann sich so behelfen: Ein Sieb in eine tiefe Schüssel hängen, mit Küchenpapier auslegen und Joghurt hineinschütten. Einige Stunden (über Nacht) im Kühlschrank abtropfen lassen – die Flüssigkeit mögen manche gerne trinken. Den jetzt trockenen Joghurt verrühren und wie Frischkäse/Ricotta verwenden.

36 Mohn mahlen

Mohn sollte immer frisch gemahlen werden. Leider gibt es bei uns in den Geschäften nicht, wie in Österreich, die Möglichkeit, sich den Mohn in einer speziellen Mühle noch im Laden zu mahlen. Nur sehr leistungsstarke Zerkleinerer schaffen es, Mohn so zu zermahlen, dass die einzelnen Körnchen zertrümmert werden und eine saftige Masse entsteht. Deshalb ist es gut, dass man auch bei uns inzwischen bereits gemahlenen Mohn im Vakuumpack finden kann.

Was nicht gleich verbraucht wird, unbedingt einfrieren, weil Mohn sonst oxidiert und ranzig wird. Unser ultimatives Mohnkuchen-Rezept auf Seite 93.

HANDWERKS-ZEUG UND KÜCHEN-TECHNIK

Es ist hier nicht der Platz, um sich mit der besten Kücheneinrichtung und den richtigen Geräten zu befassen. Aber ein paar Tipps wollen wir doch dazu geben, denn immer wieder stellen wir fest, dass große Unsicherheit auf manchem Gebiet herrscht. Vor allem: Ob Hobbyköche oder Hausfrauen – die meisten haben keine Ahnung, was man mit einem Messer alles ausrichten kann, wenn man richtig damit umgeht.

37 Messer

Ohne Messer kommt keine Küche der Welt aus – erst mit der Erfindung und dem Gebrauch von Schneidgeräten beginnen Alltagsküche und Kochkunst ... Dem zum Trotz werden, so haben wir die Erfahrung gemacht, in den meisten Haushalten (vor allem in weiblichen) die Messer geradezu sträflich vernachlässigt.

Natürlich lässt sich kein allgemein verbindliches Regelwerk zu Messern erstellen, sondern es kommt immer auf die Bedürfnisse eines jeden einzelnen Haushalts an. Trotzdem, einige Messer sind unserer Meinung nach unverzichtbar. Und die sollten von guter Qualität und scharf sein.

1 KLEINES KÜCHENMESSER,
Rüst- oder Officemesser genannt, auch Kneipchen, Knippchen, Pleudchen, Pitterchen, Zöppken, Flügschen, Hümme(l)ken ... Diese und vielerlei andere wunderbare regionale Bezeichnungen beweisen, dass das kleine Küchenmesser für Hausfrauen das wichtigste war – und ist! Allerdings sollte man damit nicht alle Küchenarbeiten erledigen, was jedoch viele Frauen versuchen!

2 Das aus Japan stammende **SANTOKU** – das Messer der „drei Tugenden", weil es für Fisch, Fleisch und Gemüse gleich praktisch ist. Es ist kürzer als das große Kochmesser, man kann aber alles damit schneiden, was in einem normalen Haushalt vorkommt, es hat eine breite Klinge und liegt auch Ungeübten gut in der Hand. Wird inzwischen auch von den deutschen Messerherstellern angeboten. Ist wirklich für alle Tätigkeiten einzusetzen, auch zum Transport von zerkleinerten Dingen in Topf oder Pfanne.

3 Ein **BROTMESSER** mit Wellenschliff, das auch für anderes Gebäck und Kuchen verwendet wird.

4 Der **SPARSCHÄLER** für Kartoffeln und anderes Gemüse.

Das war die Pflicht, und jetzt kommt die Kür:

KÜCHENMESSER

Tipp 37: Die ersten vier Messer sind in jeder Küche unverzichtbar – zur Kür gehören dann Chefmesser, Filiermesser und Ausbeinmesser.

1 Kleines Küchenmesser

2 Santoku

3 Brotmesser

4 Sparschäler

5 Chefmesser

6 Filiermesser

7 Ausbeinmesser

5 Das Kochmesser, auch **CHEF-MESSER** oder großes Küchenmesser genannt, das zum Schneiden von Fleischstücken und Gemüse benötigt sowie fürs Hacken von Kräutern und Nüssen verwendet wird.

6 Wer gerne Fisch isst, sollte sich ein langes, biegsames **FILIERMESSER** leisten, auch praktisch zum Ablösen des Fleischs von der Haut.

7 Freunde großer Braten, die halbe Schweine zerlegen oder Spareribs auslösen wollen, brauchen ein **AUSBEINMESSER** – Länge zwischen Küchenmesser und Kochmesser, mit schmaler Klinge, um leicht den Knochen folgen zu können.

38 Messer kaufen

Gute Messer sind nicht billig, aber man muss auch kein Vermögen investieren. Und werden sie gut behandelt, halten sie „ewig"!

39 Der Schärfetest

Was Sie nicht brauchen, ist das gezahnte Tomatenmesser (damit schneidet man nicht, sondern reißt nur auf), denn alle Ihre Messer sollten so scharf sein, dass sie die Tomatenhaut auch einer weichen Frucht ohne Druck durchteilen. Genau das ist der Test, ob Ihre Messer scharf genug sind!

40 Schärfen und schleifen?

Im allgemeinen Sprachgebrauch sagen wir, wir schleifen das Messer, damit es scharf wird. Dies ist aber nur nötig, wenn das Messer sehr stumpf ist – dann wird die Schneide des Messers, die geradezu rund geworden ist, wieder spitz gemacht. Das ist bei üblichem Gebrauch und guter Behandlung nur alle paar Jahre nötig. Normalerweise wird ein nicht mehr scharfes Messer nur neu geschärft: Es wird nur die absolute Spitze der Schneide behandelt, die – um es drastisch auszudrücken – entweder ausgebrochen oder umgebogen ist.

41 Messer schärfen

Mit scharfen Messern, hat man herausgefunden, werden die Kochergebnisse besser und man verletzt sich weniger als mit stumpfen. Klar: Fleischscheiben werden mit einem leicht durchs Material gleitenden Messer ebenmäßiger als mit einem stumpfen, das die nachgiebige Materie wegdrückt: Die Scheibe wird unterschiedlich dick, wird beim Braten nicht gleichmäßig gar. Beim Schneiden härterer oder faseriger Produkte besteht die Gefahr abzurutschen. Und da man vor einem scharfen Messer mehr Respekt hat als vor einem stumpfen, geht man vorsichtiger damit um.

CHECKLISTE MESSERKAUF

- ☐ Halten Sie sich an die **BEKANNTEN MARKEN** – die deutschen Messer haben Weltruf!

- ☐ Kaufen Sie Ihr Messer nicht irgendwo (oder gar im Internet), sondern gehen Sie in ein **FACHGESCHÄFT** oder die entsprechende Abteilung eines Kaufhauses.

- ☐ Kaufen Sie nicht nach Geschmack und Aussehen, sondern nehmen Sie die verschiedenen angebotenen Messer in die Hand und prüfen Sie, bei welchem Sie **DAS BESTE GEFÜHL** haben:

- ☐ Ist es insgesamt zu leicht oder zu schwer oder **GERADE RICHTIG?**

- ☐ Ist die Klinge leichter oder schwerer als der Griff und wie wirkt sich das auf Ihr Gefühl aus?

- ☐ **PASST DER GRIFF** ergonomisch in Ihre Hand?

- ☐ Steht die Klinge ohne muskulären Aufwand genau in der **VERLÄNGERUNG IHRES UNTERARMS** (das erleichtert ein perfektes Schneiden)?

- ☐ Erst wenn alle Punkte zu Ihrer Zufriedenheit ausfallen, sollten Sie das Messer kaufen – wobei Sie davon ausgehen können, dass meistens alle Messer einer Serie in ihrer Charakteristik so ähnlich sind, dass Sie mit allen Modellen gut zurechtkommen werden.

- ☐ Zum Schluss noch dieser Tipp: In einem kundenfreundlichen Geschäft lässt man Sie auf Ihre Bitte hin sicherlich **EINIGE MITGEBRACHTE ZUTATEN SCHNEIDEN,** sollten diese nicht ohnehin vorrätig sein. Eine feste Wurst, eine Möhre, eine Tomate – schneiden Sie dies alles perfekt, sind Sie auf der sicheren Seite!

Also: Schärfe trägt zur Sicherheit bei – **MACHEN SIE IHRE MESSER SCHARF!**

1 Klassisch ist das Abziehen mit dem Wetzstahl. Profis bewegen dazu das Messer gegen die Schneide am Stahl entlang, Laien ziehen die Schneide zum Messerrücken hin ab. Wichtig ist dabei der Anstellwinkel des Messers – er sollte zwischen 15 und 20 Grad betragen.

2 Entgraten auf dem Stein: auch nicht ganz einfach – man muss es können, sonst erzielt man eher den gegenteiligen Effekt. Hierbei muss ebenfalls der Anstellwinkel genau eingehalten werden, wofür es im Fachhandel Hilfen gibt.

3 Am einfachsten geht das Schärfen auf einer elektrischen Schleifmaschine mit Scheiben, die so angebracht sind, dass der Winkel automatisch richtig ist. Die sind allerdings nicht ganz billig, aber für hochwertige Messer unbedingt zu empfehlen.

4 Die auf dem Jahrmarkt angebotenen Schleifgeräte taugen nur für billige Messer aus weichem Material, die ohnehin keine gute Schnitthaltigkeit haben und deswegen dauernd nachgeschärft werden müssen.

42 Den Schärfstein richtig benutzen

1 Der Stein sollte eine grobe Seite (etwa Körnung 400) und eine feine (etwa Körnung 2.000) haben.

2 Den Stein vor dem Gebrauch mindestens eine Stunde wässern, damit später ein „Schleifschlamm" entsteht und das Metall nicht zu heiß wird.

3 Die Messerklinge auf der groben Seite mit der Schneide vom Körper weg ansetzen und mit leichtem Druck nach vorne schieben, dann ohne Druck zurückziehen.

4 Anschließend dieselbe Prozedur auf der anderen Seite der Klinge, und das Messer zum Körper heranziehen – aber nur ⅔-mal so viel wie beim ersten Mal.

5 Dies jeweils mehrmals wiederholen, etwa 18- beziehungsweise 12-mal. Danach noch einmal 12- bzw. 8-mal. Das Messer ist jetzt scharf.

6 Jetzt den Stein umdrehen und auf der feinen Seite genauso bewegen wie beschrieben. Damit ist die vorher raue Schneide spiegelglatt geschliffen und das Messer gleitet wie von selbst durch ein Blatt Papier oder die Tomatenhaut.

7 Sie sollten dies stets gleich dann machen, wenn Sie erste Anzeichen bemerken, dass die Schärfe nachlässt. Je länger man zuwartet, desto mehr Zeit erfordert das Schärfen!

43 Messerpflege

Damit Sie stets Freude an Ihren Messern haben, müssen sie gepflegt und sorgsam behandelt, vor allem aber richtig aufbewahrt werden:

1 Messer gehören **NIE IN DIE SPÜLMASCHINE**, denn im Wasserstrahl werden sie gegeneinandergestoßen und dadurch stumpf. Außerdem leidet auch guter Stahl durch die Spülmittel.

2 Messer möglichst gleich **NACH GEBRAUCH ABSPÜLEN UND TROCKNEN**, damit nichts antrocknet und später mit Kraft entfernt werden muss.

3 **NIE LOSE IN DIE SCHUBLADE LEGEN**, sondern in Besteck- oder spezielle Küchenmesserhalter stellen oder in der geöffneten Originalverpackung aufbewahren.

4 Die Messer in einen **KÜCHEN-BLOCK AUS HOLZ ODER KUNST-STOFF** (ohne Metallränder) stecken.

5 Messer an eine **MAGNETLEISTE** hängen – aber immer über den Messerrücken anlegen und abnehmen, nie über die Schneide.

6 Nur auf einer **WEICHEN UNTER-LAGE** (Holz oder Kunststoff) schneiden, niemals auf Glas, Porzellan oder Stein!

7 Beim Schneiden das Messer **NICHT SCHRÄG ABKIPPEN** – durch die dabei auftretenden Torsionskräfte wird die Schneide schneller stumpf.

8 Aus diesem Grund das Schneidgut **NIEMALS MIT DER SENKRECHT GESTELLTEN SCHNEIDE AUF DEM BRETT BEISEITESCHIEBEN**, sondern mit dem Messerrücken.

9 Benutzt man ein großes oder ein Santokumesser zum Hacken von Kräutern, so setzt man die Spitze auf und **ARBEITET MIT DEM HINTEREN TEIL DES MESSERS.**

10 Beim Transport in Topf oder Pfanne darauf achten, dass **DIE SCHNEIDE NICHT AN DEREN METALLRAND STÖSST.**

11 Ein Messer ist **KEIN SCHRAU-BENZIEHER, FLASCHEN- ODER DOSENÖFFNER!**

44 Schneiden

90 % aller Menschen wissen nicht so recht, was Schneiden ist. Glauben Sie nicht? Nun, sie nehmen das Messer in die Hand, legen es auf das zu Schneidende und drücken nach unten. Sie ziehen es dabei weder zu sich hin, noch schieben sie es von sich weg. Täten sie dieses oder jenes, würden sie tatsächlich schneiden. Aber sie drücken nur.

Und sie benutzen bei großen Messern die Spitze, als ob sie ein kleines in der Hand hätten. Drücken nur, anstatt es am hinteren Ende der Klinge anzusetzen und dann mit nur leichtem Druck bis zur Spitze durchzuziehen. Man kann es auch umgekehrt machen und schiebt das (kürzere, kompaktere) Messer von der Spitze bis nach hinten durch. Das muss man vielleicht ein wenig üben. Aber dann schneidet man richtig.

45 Schnittlauch richtig schneiden

Immer wieder stellen wir fasziniert fest, dass unsere Kochschüler die langen Halme parallel legen und dann die langen Halme von vorne bis hinten abarbeiten. Schneller geht es aber doch, wenn man sie bündelt und in der Mitte (oder nach ⅓) durchtrennt, die glatten Schnittstellen nun aneinanderlegt (den überstehenden

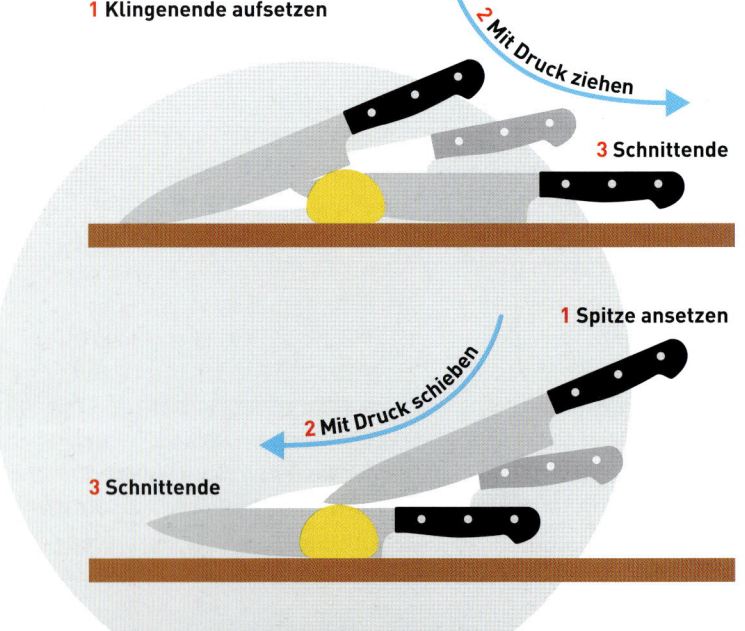

1 Klingenende aufsetzen

2 Mit Druck ziehen

3 Schnittende

1 Spitze ansetzen

2 Mit Druck schieben

3 Schnittende

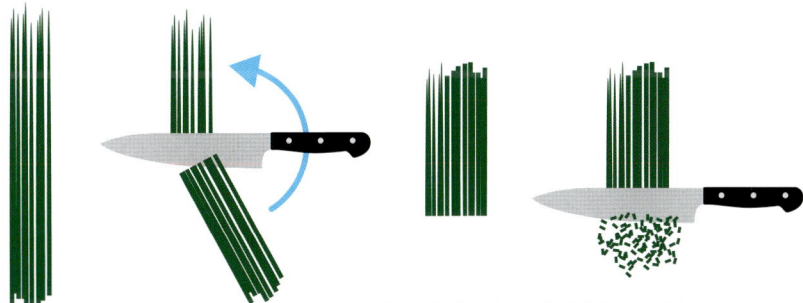

Tipp 45: Schnittlauch richtig schneiden:
Die Halme halbieren und das Bündel in
feine Röllchen schneiden.

Rest nochmals abschneidet und entsprechend anlegt) und mit dem großen Messer ziehend an den die Halme haltenden Fingern entlang schneidet, die wie die Krallen einer Katze eingebogen werden. So kann man fein dosiert alles gleichmäßig in feine Röllchen schneiden – in der Hälfte bzw. einem Drittel der Zeit!

46 Worauf schneiden?

In der Gastronomie dürfen nur Kunststoffbretter verwendet werden, weil die angeblich hygienischer sind. In den USA von Wissenschaftlern durchgeführte Untersuchungen haben jedoch bewiesen, dass in Haushalten Holzbretter die besseren Ergebnisse liefern: weil sich in den die Feuchtigkeit haltenden Schnittrillen von Kunststoffbrettern die eingedrungenen Bakterien rasch vermehren, während sie im rasch austrocknenden Holz durch die

darin enthaltenen Gerbsäuren daran gehindert oder sogar abgetötet werden. Was soll man also tun?

KUNSTSTOFFBRETTER nach Gebrauch sofort abwaschen und in der Spülmaschine durch das Erhitzen sterilisieren.

HOLZBRETTER nach Gebrauch heiß abwaschen und abtropfen lassen. Holzbretter bitte niemals in die Spülmaschine stellen, die Oberfläche wird rau und die schützenden Gerbsäuren werden ausgewaschen.

FETTFLECKEN im Holz sehen vielleicht nicht so schön aus, im Laufe der Zeit gleicht sich die Beschaffenheit der Oberfläche aber immer weiter an. Oder einfach Meerschaumpulver aufstreuen – ein weißes Mineralpulver, das man in der Apotheke kaufen kann – über Nacht einwirken lassen und abbürsten: Weg ist das Fett!

GEMÜSEFLECKEN (Rote Bete – Lila, Kräuter – Grün, Chili – Rot) mögen kurzfristig stören, durch häufigen Gebrauch und Abwaschen mit heißem Wasser verschwinden sie aber nach einiger Zeit – die positiven Eigenschaften des Holzes werden nicht beeinträchtigt.

HELLE BRETTER (Buche, Esche, Ahorn) kann man zur Auffrischung mit Scheuersand oder Scheuermilch und einer Wurzelbürste abreiben – sie bekommen dadurch einen schönen weißlichen Teint.

DUNKLE BRETTER (Mahagoni, Teak) bekommen dagegen einen gräulichen Belag, der unschön aussieht – deshalb von Zeit zu Zeit mit etwas Olivenöl (das nicht so schnell ranzig wird wie andere Öle) einreiben und danach mit Küchenpapier polieren.

47 Gemüsescheiben zum Braten

Diese schneidet man am besten mit der Aufschnittmaschine, denn freihändig geschnitten geraten die Scheiben leicht ungleichmäßig. Die dünneren Partien verkohlen dann schon, ehe die dickeren gar sind.

48 Pfannen

Früher gab's nur Eisenpfannen, die für alle Zubereitungen herhalten mussten, und die Pflege war kompliziert. Es mussten die Pfannen für die verschiedenen Zubereitungen – Fleisch, Eier und Gemüse – anders behandelt werden: die einen blank gescheuert, die anderen nur ausgewischt, die dritten normal gespült. Heute werden alle Pfannen sauber gespült. Festgebackenes darf nach dem Einweichen mit einem Topfkratzer aus Edelstahl oder Kupfer entfernt werden.

1 In beschichteten Pfannen werden empfindlichere Speisen bei niedriger bis mittelstarker Hitze gebraten, in unbeschichteten robustere Gemüse und Fleisch bei höheren Temperaturen.

2 Man braucht beide Arten, vorzugsweise auch in mehreren Größen.

3 Kaufen Sie nur **QUALITÄTSPFANNEN**, lassen Sie die Finger von billiger Ramschware und Occasionen – nur Pfannen aus hochwertigen Materialien und mit dickem Boden in guter Verarbeitung garantieren eine gleichmäßige Hitzeverteilung auf der ganzen Fläche. Ist dies nicht der Fall, brennt an einer Stelle etwas an, während an anderer noch nichts gar wird.

4 Ob Edelstahl, emailliertes oder blankes Eisen, Gusseisen, Kupfer oder Aluminium: Der Boden muss plan sein, dick, damit er sich nicht verzieht und möglichst mit einer magnetischen und einer gut leitenden Schicht, damit die Pfanne auf dem Induktionsfeld funktioniert und die Hitzeverteilung klappt.

5 Blanke Pfannen müssen vor dem ersten Gebrauch mit Öl eingebrannt werden – siehe dazu „Wokpflege" auf Seite 59.

6 Prinzipiell gehören Pfannen nicht in die Spülmaschine – die Beschichtung kann zerstört werden, die Fettschicht auf blanken Pfannen leidet, so dass sie neu mit Öl eingebrannt werden müssen (wenn nicht gar noch Bratreste anhaften).

Tipp 49: Beim Pfannenrühren oder Rührbraten gart Fleisch oder Gemüse durch den Wechsel der Temperaturen im Wok besonders sanft.

49 Der richtige Wok

Kaum ein europäischer Hersteller hat das Prinzip des Woks begriffen: große Hitze an einer kleinen Stelle im Zentrum des halbrunden Bodens, zum hohen Rand hin immer schwächer werdend. Beim Pfannenrühren oder Rührbraten, dem ständigen Bewegen der Zutaten mit der Bratschaufel, wird das Gargut in der Mitte des Topfbodens kurz sehr starker Hitze ausgesetzt, dann rasch beiseitegeschaufelt, damit es sich auf dem hochgezogenen, nur warmen Rand entspannen kann. Durch diesen Wechsel von sehr heiß und dann wieder sehr mild dringt die Hitze nur langsam nach innen, Fleisch oder Gemüse gart sanft, ohne dass die Zellen platzen und zerstört werden. Gemüse bleibt knackig, behält seine Farbe, Fleisch bleibt saftig-zart. Und dennoch findet durch die kurze

Hitzephase die für das Anrösten typische und wichtige Geschmacksbildung statt, die begehrte und berühmte Maillard-Reaktion. Das Prinzip gleicht dem traditionellen indirekten Grillen der Rôtisseure (siehe Seite 64).

50 Passende Energiequelle für den Wok

Die Maillard-Reaktion funktioniert aber nur, wenn der Wok auch einerseits die starke Hitze in der Mitte des Bodens bietet, ohne an den Seiten zu heiß zu werden. Gusseiserne Woks sind daher ungeeignet, weil darin Hitze bis an den Rand hochgeleitet wird. Gleiches gilt für Woks aus Edelstahl mit Kupfer- oder Aluminiumkern. Auch die Energiequelle muss stimmen: Die üblichen Wokbrenner in den Herden aller deutschen Hersteller haben einen zu großen Durchmes-

ser, so dass die Hitze die Seiten hochsteigt, die Mitte aber zu wenig davon abbekommt. Völlig ungeeignet sind die speziellen Induktionsmulden, in denen der Wok bis zur Mitte der Seitenwände erhitzt wird.

Masseplatten und Ceranfelder mit Halogen oder Heizschlangen erfordern einen Wok mit flachem Boden, der eigentlich immer zu breit im Durchmesser ist. Darin ist immer eine größere Fettmenge nötig, und die Bratfläche ist im Verhältnis zur Ruhezone auf den Seitenwänden zu groß.

Ideal scheinen uns nur zwei Lösungen: ein richtig konstruierter Wokbrenner mit ausreichender Leistung, bei dem das Aufsteigen der Hitze an den Seitenwänden wirkungsvoll vermindert wird – gibt's

Tipp 50: Auf dem Induktionsfeld (links) berührt nur das Rund die Oberfläche, das Induktionsfeld reicht aber darüber hinaus, so dass der untere Bereich des Woks optimal erhitzt wird. Die von den üblichen Gas-Wokbrennern erzeugte Hitze streicht dagegen die Wokwände hoch, die eigentlich nicht heiß werden dürfen.

Mind. 3-mal einbrennen

Tipp 51: Vor der ersten Benutzung sollte der Eisenwok mit Öl eingebrannt werden. Nach Benutzung mit Spülmittel und Wasser gereinigt werden.

von www.wok-it.de. Der ist nicht billig, aber absolut spitze. Oder das ganz normale, flache Induktionsfeld mit Boosterfunktion, das inzwischen von allen Herstellern angeboten wird. Für beide Varianten ist der einfache und preiswerte chinesische Eisenwok das passende Gerät. Er sitzt auf dem erwähnten Gasbrenner ganz sicher, steht auf dem Induktionsfeld mit seiner kugeligen Bodenfläche allerdings schwankend. Da man aber beim Pfannenrühren ohnehin den Wok mit einer Hand festhält, stört das nicht. Die erhitzte Fläche ist nur so groß, wie das über der Oberfläche des Feldes entstehende Kraftfeld, die Seitenwände bleiben von der Energiezufuhr verschont, werden also nicht heiß, sondern nur so warm, wie es sein soll. (Zubereitung eines Gerichts auf Seite 71.)

51 Wokpflege

Der Eisenwok muss vor der ersten Verwendung eingebrannt werden. Zentimeterhoch mit Öl gefüllt und mehrmals bis zum Rauchpunkt erhitzt, wobei das heiße Öl den gesamten Rand hochschwappen sollte, indem man den Wok immer wieder schwenkt. Das versiegelt die Oberfläche, und das wiederum verhindert, dass das Bratgut ansetzt.

Wichtig: Nach jeder Verwendung muss der Eisenwok sofort gereinigt und gut abgetrocknet werden – sonst beginnt er zu rosten. Gründlich reinigen bedeutet mit Spülmittel, eventuell auch mit dem stabilen Edelstahl- oder Kupfertopfkratzer schrubben. Und danach ab und zu frisch einölen.

52 Backformen einfetten

Backformen aus Aluminium, Weißblech, emailliertem Stahl, Gusseisen oder Kupfer müssen vor dem Befüllen eingefettet werden. Im Allgemeinen werden sie mit zimmerwarmer Butter ausgestrichen – das geht bei glatten Formen mit Butterpapier oder den Fingern sehr gut, bei geprägten Formen mit Relief oder Struktur hingegen braucht man einen Pinsel (mit Borsten oder aus Silikon).

53 Backspray

Noch einfacher und garantiert so, dass keine Rille unerreicht bleibt, geht das Einfetten mit Backspray. Achten Sie aber darauf, dass ausschließlich unbehandeltes Fett und keine Konservierungsmittel oder gar Aromastoffe drin sind! Und natürlich keine Treibgase!

EXTRA-TIPP

Silikonformen brauchen nicht eingefettet zu werden. Aber unbedingt schon vor dem Einfüllen des Teigs auf ein Backblech oder einen Rost stellen: Sie lassen sich gefüllt kaum mehr unfallfrei transportieren. In jedem Fall die Backware noch heiß aus den Förmchen lösen!

Tipp 53: Backformen lassen sich ganz einfach mit Backspray einfetten.

54 Küchenmaschine und Stabmixer

Beide Geräte sind aus einer modernen Küche, in der zeitgemäß gekocht und gearbeitet wird, nicht mehr wegzudenken. Sie erledigen ganz selbstverständlich Arbeiten, für die früher viele fleißige Helfer nötig waren, erlauben im Haushalt Rezepte, die einst nur in Profiküchen verwirklicht werden konnten. Während eine gute Küchenmaschine viele verschiedene Dinge schnell und in größeren Mengen erledigen kann – Teig rühren, Eischnee schlagen, Gemüse scheibeln, schnetzeln oder reiben, entsaften, wolfen, kuttern oder mixen –, ist der Stabmixer ideal zum Pürieren von Gemüsesuppen und Pürees, vor allem aber unersetzlich beim Aufschlagen von Saucen. Mit dem Zubehör „kleiner Mixbecher" geradezu ideal!

55 Tomagrette

Eine Zubereitung, die wir erfunden haben, um auch das Innere von Tomaten zu verwenden, das ja geschmacklich intensiv ist, aber übrig bleibt, wenn man Tomatenfleisch für andere Zubereitungen würfelt (Concassé).

REZEPT: TOMAGRETTE

Kerne und Fruchtwasser von 1 bis 2 vollreifen **TOMATEN**, 2–3 **KNOBLAUCHZEHEN**, 1 **SCHALOTTE** oder das Weiße von 2 **FRÜHLINGSZWIEBELN,** 1 kleine, entkernte **CHILISCHOTE** (rot oder grün), 1 EL **ZITRONENSAFT** oder **ESSIG, SALZ, PFEFFER,** 1 gute Prise **ZUCKER** oder 1 TL **BALSAMICO,** nach Belieben einige **BASILIKUMODER ESTRAGONBLÄTTCHEN**, sowie 100 ml bestes **OLIVENÖL** in einen Mixbecher füllen und mit dem Pürierstab zu einer Creme schlagen. Passt hervorragend zu dünn aufgeschnittenem Schinken, Schweinebauch, Tafelspitzsülze oder Kalbszunge, zu gebratenen Scampi oder Garnelen oder zu gedämpftem Fisch.

KOCHEN,
BRATEN,
BACKEN

Früher war alles ganz einfach: Man lernte bei Großmutter und Mutter kochen. Und die durchschnittliche Hausfrau wusste etwa 20 Gerichte auswendig zuzubereiten – 10 aus der eigenen Familie und 10 aus der Familie ihres Mannes. Der Speiseplan war einfach, alles wiederholte sich nach den Jahreszeiten und dem noch bescheidenen Angebot des Marktes. Gab es etwas außer der Norm, schaute man in einem Kochbuch nach, der dort in groben Umrissen beschriebene Arbeitsablauf war nicht fremdartig, sondern aus der eigenen Erfahrung bekannt.

Heute ist das ganz anders: Wir kochen mit unterschiedlichen Geräten, vielfältigen und für uns neuartigen Garmethoden und Zubereitungsarten aus den Küchentraditionen der ganzen Welt, mit Zutaten, deren kulinarische Möglichkeiten wir meist noch gar nicht verinnerlicht haben. Oft haben wir keine Ahnung, worauf es dabei ankommt, welche Zutaten wie beschaffen sein müssen, welche unverzichtbar nötig sind und welche ohne größere Folgen ausgetauscht werden können. Wir brauchen detaillierte Anweisungen zur Zubereitung, um zu einem befriedigenden Ergebnis zu kommen – denn wenn wir das optimale

Ergebnis nicht kennen, können wir auch nicht wissen, was zu tun ist, um es zu erreichen. Wir haben kaum eine Möglichkeit, die Richtigkeit und Präzision unseres Tuns zu kontrollieren, müssen uns auf die gegebenen Instruktionen verlassen. Kaum aber können wir erkennen, ob diese auch korrekt und wirklich sinnvoll sind und der originalen Zubereitungsart entsprechen.

Aber auch Zubereitungsarten, die uns alltäglich erscheinen, werden oft falsch verstanden. Zum Beispiel stellen wir immer wieder fest, dass die meisten Menschen beim Grillen viel zu ungeduldig sind, dass alles ganz schnell fertig werden soll und deshalb häufig außen verbrannt und innen noch zu roh auf den Teller kommt.

56 Grillen

Ist die älteste Garmethode der Welt, bekannt aus der Urzeit, seit die Menschen das Feuer entdeckten. Inzwischen natürlich mannigfach verfeinert und in unterschiedlichster Weise optimiert. Richtig ausgeführt eine der schonendsten, die Inhaltsstoffe bewahrenden und daher gesündesten Zubereitungsarten. Auch weil wenig Fett zugefügt werden muss bzw. bei der Zubereitung sogar austritt. Aber es gilt einiges dabei zu beachten:

... ÜBER DER GLUT (DIREKT)

Geeignet vor allem für flache Scheiben, gleichgültig ob Fleisch, Fisch oder Gemüse. Den Abstand nicht zu gering wählen, sonst verkohlt das Äußere, ehe das Innere warm oder gar ist. Darauf achten, dass kein Fett in die Glut tropft und der Rauch das Grillgut mit die Gesundheit gefährdenden Substanzen kontaminiert.

... NEBEN DER GLUT (INDIREKT)

Besonders geeignet für größere Braten und Geflügel, vorzugsweise auf dem Drehspieß: Dann wird immer nur die dem Feuer zugewandte Seite so kurz stark erhitzt, dass sie nicht verbrennen kann. Beim Weiterdrehen dringt die in die Außenschicht eingebrachte Hitze langsam weiter nach innen – das Fleisch wird schonend erwärmt und bleibt saftig. Das ist die Kunst der Bratenköche, die sich schon im Mittelalter zur ersten Vereinigung von Spitzenköchen zusammengeschlossen haben, der „Chaîne des Rôtisseurs".

Damit die Bratenstücke möglichst gleichmäßig erhitzt werden, muss man sie gut ausgewogen und mittig auf den Spieß stecken und befestigen. Grillt man auf diese Weise gut gewürztes Hackfleisch (auf griechische oder türkische Art), darf der Spieß nicht rund, sondern muss flach sein, damit das Fleisch nicht abrutscht oder der Spieß durchdreht. Für ganze Fische erweisen sich entsprechend geformte Grillkörbe als ideal.

57 Anbraten von Fleisch

Es ist derzeit sehr angesagt, Fleisch bei mildester Hitze zu erwärmen – vorzugsweise im Vakuumbeutel („sous vide") im temperierten Wasserbad – und erst unmittelbar vor dem Servieren kurz in der Pfanne zu braten und so mit einer Kruste zu versehen. Das Fleisch sei dann besonders zart.

Wir finden es nicht zart, sondern strukturlos. Gutes Fleisch sollte natürlich nicht faserig-trocken gebraten werden, sondern saftig bleiben, aber doch stets Biss haben und nicht fast matschig, mit der Zunge am Gaumen zu zerquetschen

sein. Es entwickelt dann einen eher unangenehm leberartigen Geschmack ... Nein, wir plädieren für die klassischen Methoden:

1 STETS IN ÖL (geschmacksneutrales Pflanzen- oder ein gutes, geschmackvolles, aber klares, gefiltertes Olivenöl), einem Gemisch aus geschmacksneutralem Öl (Erdnuss- oder Sojaöl) und Butter – weil es höher zu erhitzen ist als reine Butter – oder in Butterschmalz. Auf keinen Fall ein Öl mit Buttergeschmack verwenden!

2 Naturschnitzel, Scheiben und Koteletts in der Pfanne (beschichtet oder unbeschichtet) in wenig Fett **BEI STARKER HITZE KURZ ANBRATEN,** dann bei milder Hitze einige Minuten nachziehen lassen, damit das Fleisch entspannt und die Säfte sich wieder verteilen können.

Tipp 57.4: Fleisch anbraten ohne Fettspritzer – das geht auf einem Bett aus Salz.

3 Dickere Steaks aus dem Filet oder der Hochrippe ebenfalls **KURZ** bei starker Hitze auf beiden Seiten **ANBRATEN**, dann in den 70 bis 80 Grad heißen **BACKOFEN**

Backofen auf **70–80°**

15–30 min

SCHIEBEN und eine gute viertel bis halbe Stunde nachgaren und ruhen lassen.

4 Das Anbraten kann auch auf einem Bett aus **GROBEM MEERSALZ** bei starker Hitze in einer unbeschichteten Pfanne geschehen – dann gibt's keine Fettspritzerei, das Fleisch bekommt eine schöne Kruste und einen intensiveren, reinen Geschmack. Nach dem Ruhen das anhaftende Salz sorgfältig abstreifen.

5 Für große Braten wird in alten Rezepten immer wieder empfohlen, sie zunächst auf dem Herd anzubraten. Das geht bei unförmigen Stücken, etwa Lammschulter oder Geflügel, sehr schlecht, weil nicht alle Partien mit dem Pfannen- oder Bräterboden in Kontakt kommen. Wir empfehlen daher: Die Stücke würzen, gut einölen und **IM MAXIMAL VORGEHEIZTEN BACKOFEN** (bei 250 bis 300 Grad!) etwa 15 bis 20 Minuten Farbe nehmen lassen – alle Partien sind dabei der gleichen Strahlungshitze ausgesetzt, bräunen und garen ebenmäßig. Ist dies geschehen, die Hitze reduzieren und das Fleisch unter öfterem Begießen mit dem Bratenfond langsam fertig garen.

Tipp 57.5: Große Bratenstücke bei stärkster Hitze kurz Farbe nehmen lassen, dann auf 80 Grad herunterschalten. Türe einen Spalt öffnen, damit die Hitze entweicht. Unter Begießen langsam gar braten.

58 Wie wird Schweine- braten knusprig?

Die Schwarte muss zunächst in Flüssigkeit oder Dampf weich gekocht werden. Deshalb das Bratenstück mit der Schwarte nach unten in der Bratreine (Bräter) in zweifingerhoch Wasser legen und eine Stunde bei ca. 180 Grad garen. Dann umdrehen, die Schwarte mit einem scharfen Messer gitterartig (quadratisch oder in Rauten) einschneiden und nun rösten. Zum Schluss mit Bier oder Salzwasser begießen, auch mit dem Bratenfond bepinseln. Im Kombigarer gelingt das besonders mühelos, indem man den Braten zunächst im Dampf angart, dann das Programm wechselt und im trockenen Rohr fertig brät, eventuell sogar noch mit zugeschaltetem Grill.

Tipp 58: Die weiche Schwarte wird für einen knusprigen Schweinebraten mit einem Messer gitterartig eingeschnitten.

59 Weihnachtsgans, Pute oder Ente aus dem Backofen

Im Ganzen gebratenes Geflügel braucht seine Zeit – Faustregel: je größer das Tier, desto niedriger die Temperatur und umso länger die Garzeit. Nur dann bleibt es durchgehend zart, entsteht keine übergarte oder verbrannte oder gar verkohlte Außenschicht, ehe das Innere erwärmt und gar ist. Also: Bei maximaler Hitze anbraten, bis alles schön golden ist. Dann (nach 10 bis 15 Minuten) die Hitze auf 80 bis 100 Grad reduzieren und das Geflügel fertig braten – eine Ente wenigstens 2 Stunden, eine Gans 4 bis 5 Stunden und eine Pute je nach Größe 4 bis 7 Stunden.

60 Gänseschmalz

Es ist nicht nur wohlschmeckend, sondern auch besonders bekömmlich. Das Bauchfett (Flomen) aus der Gans lösen, klein schneiden und zum Schmalz auslassen. Dabei einen klein geschnittenen Apfel und Zwiebel mitkochen. Mit Knoblauch und Majoran würzen. Damit es fester wird, einen kleinen Teil (ca. 20 %) Schweineschmalz zufügen.

61 Brühe kochen

Wir werden nicht müde, in unseren Sendungen zu erzählen, wie man eine gute Brühe und gutes Fleisch bekommt. Leider steht aber in fast allen Kochbüchern anderes, und so machen sich die meisten Menschen viel zu viel Arbeit bei der Zubereitung. So geht eine Rinderbrühe, Schritt für Schritt erklärt:

1 Ein paar **RINDERKNOCHEN** – einige möglichst mit Mark – auf den Topfboden legen.

2 Darauf das **AUSZUKOCHENDE FLEISCH** legen – das kann Brust sein, von der Schulter oder Wade. Also Stücke mit Fett und reichlich Sehnenanteil sowie langfaserigem Fleisch, das erst durch lange Garzeit aufgeschlossen wird.

3 **SUPPENGEMÜSE** zufügen: Zwiebel (vorzugsweise mit Schale und aufgeschnitten, die Schnittflächen stark angeröstet für den Geschmack), Lauch (Porree), Sellerie (Knolle oder / und Stiele), Möhre – längs aufgeschnitten), Petersilie (Wurzel und / oder Stiele). Seien Sie mit diesen Aroma-Beigaben großzügig!

4 Mit so viel Wasser auffüllen, dass alles bedeckt ist, langsam ohne Deckel erhitzen.

5 Sogleich beherzt salzen und 1 gehäuften TL **PFEFFERKÖRNER** zufügen, 2 **LORBEERBLÄTTER**, nach Belieben 1 **STERNANIS**, 2 oder 3 **WACHOLDERBEEREN**, 2 Zweiglein **THYMIAN** oder ein paar Blättchen **LIEBSTÖCKEL**. In Restaurants wird das Fleisch oft

ohne Salz gekocht, weil es sonst beim Wiederaufwärmen rosa würde – der Pökeleffekt; das riecht dann auch ziemlich unangenehm.

6 Wenn die Flüssigkeit gerade eben zu kochen beginnt, bildet sich Schaum – diesen nicht abschöpfen.

7 Dafür sofort die Hitze drosseln, so dass die Brühe unter dem Koch-punkt siedet, also nur winzige Bläschen aufsteigen. Dabei legt sich der Schaum, bindet alle Verunreinigungen der Brühe und setzt sich ab.

8 Deckel auflegen und alles, ohne zu kochen, 3 bis 5 Stunden ziehen lassen.

9 Die Brühe ist jetzt klar, das Fleisch zart und saftig.

10 Alles abkühlen lassen. Am nächsten Tag die Fettschicht abheben – das Fett eignet sich noch zum Braten von Gemüse oder Kartoffeln oder zum Anset-zen eines Risottos.

11 Brühe durch ein feines Sieb (das man zusätzlich mit einem Tuch auslegen kann) abgießen.

12 Das Ergebnis mag zwar optisch nicht den Ansprüchen eines Sterne-Restaurants genügen, aber für den privaten Haushalt ist das vollkommen ausreichend.

62 Brühe klären
Hat sie versehentlich wild gekocht und wurde trüb, muss man

ran: Eine trübe Suppe sieht nicht schön aus, vor allem, wenn man sie mit einer feinen Einlage servieren oder als Basis für eine Sülze verwenden will. Unter die kalte Brühe quirlt man ein, zwei Eiweiß (nach Belieben zur Verstärkung auch noch etwas fein gehacktes Fleisch), bringt alles sehr langsam zum Kochen – stoppt aber diesen Prozess, bevor die Suppe richtig aufwallt, zieht den Topf von der Flamme und lässt alles eine halbe Stunde stehen. Jetzt sammelt das Eiweiß sämtliche Trübstoffe, die in der Flüssigkeit schweben, und bindet sie an sich. Wenn man den Topfinhalt durch ein mit einem Tuch ausgelegtes Sieb filtert, bleiben sie darin hängen, und die abtropfende Flüssigkeit ist wunderbar klar.

63 Das Wok-Geheimnis
Die Oberflächenvergröße-rung ist eines der Geheimnisse des Wohlgeschmacks chinesischer Gerichte: Schneidet man ein in unserer europäischen Küche übliches Portionsschnitzel in feine Streifen und brät diese mit viel Gemüse im Wok, bekommt man damit vier Personen auf angenehms-te, ebenso geschmacksvolle wie gesunde Weise satt. Das Gemüse gibt genügend Menge, die vergrößer-te Oberfläche gibt dem wenigen Fleisch, von dem die meisten

Menschen ja ohnehin zu viel essen, mehr Geschmack. Das zweite Geheimnis, das ständige Umherwirbeln der Zutaten im Wok, ist genau beschrieben auf Seite 57.

64 Fisch richtig garen

„Fisch gehört nicht in den Backofen, sondern ins Wärmefach!" Diesen Satz haben wir in einem Prospekt für die ersten Elektroherde aus dem 19. Jahrhundert entdeckt. Das wusste man damals schon: Fischfleisch reagiert empfindlich auf große Hitze. Weil aber Zeitersparnis gegenüber Holz- und Kohleherden zum wichtigsten Verkaufsargument für die neuen Backröhren wurde, „vergaß" man einfach diesen klugen Ratschlag und propagierte kürzere Garzeiten bei höheren Temperaturen und nahm dafür ein trockenes und

REZEPT: WOK-GERICHT MIT FLEISCH UND GEMÜSE

300 g FLEISCH (Filet von Rind, Lamm, Kalb oder Schwein) in feine Scheibchen schneiden, mit 1 gehäuften TL SPEISESTÄRKE (siehe Seite 41), 1 EL SOJASAUCE und 1 TL SESAMÖL mischen und marinieren lassen. 1 große ZWIEBEL in feine Halbringe schneiden. 300 g GEMÜSE (Zucchini; feine grüne, kurz blanchierte Böhnchen (Seite 32); Blumenkohl und Broccoli – gemischt oder auch nur eine Sorte) vorbereiten: Zucchini in dünne Scheibchen, falls sie größer als daumendick sind, längs halbieren oder sogar vierteln; Bohnen putzen, fädeln, halbieren und kurz blanchieren; Blumenkohl und Broccoli in kleine Röschen teilen. 2 große KNOBLAUCHZEHEN und ein walnussgroßes Stück frischen INGWER fein würfeln, in etwas neutralem ÖL umwenden, damit sie nicht oxidieren. 1–2 kleine CHILISCHOTEN entkernen und fein würfeln.

Im Wok 2 EL NEUTRALES ÖL und 1 knappen EL SESAMÖL stark erhitzen. Zuerst das Fleisch anbraten, dabei sofort salzen und pfeffern, dann auch Ingwer, Knoblauch und Chili zufügen. Nach einer halben Minute auch die Zwiebeln und anderen Gemüse zufügen, ebenfalls mit einigen Körnchen SALZ würzen, unter Rühren braten und alles gut mischen. ½ TL ZUCKER darin karamellisieren. 2 EL AUSTERNSAUCE und 2 EL SHERRY ODER WEISSWEIN am Rand angießen, eventuell auch ein wenig Brühe. In Streifen geschnittenes THAI- ODER NORMALES BASILIKUM und zerzupftes KORIANDERGRÜN unterrühren. Auf schneeweißem, duftendem JASMINREIS anrichten.

faseriges Ergebnis in Kauf … Besinnen wir uns also auf die alten Erfahrungen und garen Fisch lieber etwas länger als in den meisten Rezepten angegeben, dafür aber mit niedrigeren Temperaturen: im Backofen bei maximal 80 Grad oder, wenn Sie einen haben, im Tellerwärmer. Bestens geeignet sind auch Dampfgarer oder die chinesischen Dämpfkörbchen über einem Wok. Auch Kochfisch, der in einem Sud schwimmend gart, darf nicht kochen, sondern nur leise sieden.

65 Ganze Fische

Im Ganzen gegarte Fische schmecken besser als die vorwiegend angebotenen Filets, weil das in den Gräten enthaltene und dort angelagerte Kollagen in der Hitze schmilzt und für Fülle und Saftigkeit im Fleisch sorgt. Es lohnt sich also, zu lernen, wie man Fische nach dem Garen so zerlegt, dass keine Gräten auf den Teller kommen.

66 Die Garprobe

Ob der Fisch gar ist, das lässt sich mit einem Blick in die Bauchhöhle erkennen: Dort darf kein Rosa mehr zu sehen sein. Oder per Fingerdruck: Wenn man einen deutlichen Widerstand spürt, ist er gar. Kann man, wie oft empfohlen, die Rückenflosse ganz leicht herausziehen, ist er bereits übergart.

CHECKLISTE: IM GANZEN GEGARTE FISCHE VORLEGEN

☐ Zunächst mit der Messerspitze die Seitenlinie entlangfahren und bis auf die Mittelgräte einschneiden.

☐ Nach Belieben die Haut abheben.

☐ Das Rückenfilet nach oben abschieben und umwenden. Die Flossen samt den am Fleisch haftenden Gräten entfernen. Sollten im Rückenfilet noch Gräten stecken (bei größeren Forellen die sogenannten Y-Gräten), diese zwischen Daumen und Messer einklemmen und herausziehen.

☐ Bauchfilets von der Fischmitte her von den Gräten heben, ebenfalls umdrehen, auch hier die Flossen entfernen und möglicherweise mit abgelöste Bauchgräten mit dem Messer abheben.

☐ Bei Forellen noch das Bäckchen aus dem Kopf lösen.

☐ Den Fisch umdrehen und mit der zweiten Seite genauso verfahren.

☐ Fertig. Nach drei oder vier Versuchen beherrscht das jeder und kann seinen Fischgenuss dadurch enorm steigern.

67 Der zarte Oktopus

Was gibt es da nicht alles für Tipps! Kräftig auf die Arbeitsfläche soll man sie klatschen, damit sie nicht zäh werden. Zum Trocknen auf die Wäscheleine hängen. Einen Stein oder einen Korken mitkochen. Alles Quatsch …

Oktopus waschen und kalt aufsetzen in stark gesalzenem und gut gewürztem Wasser – auf jeden Fall gehören Pfeffer, Lorbeerblatt und etwas Piment oder ein, zwei Nelkennägelchen hinein. Auch Zwiebel und Knoblauch, Sellerie und Petersilienstiele passen, ebenso Thymian, Rosmarin, Estragon oder Kerbel. Dann langsam ohne Deckel erhitzen und zum Kochen bringen. Keinesfalls darf das Wasser in Wallung geraten oder gar blubbernd kochen! Kleine Exemplare 5 Minuten, mittlere (400 bis 600 g) 10 bis 12 Minuten, größere entsprechend länger unter dem Siedepunkt leise simmern lassen, wobei sich der entstehende Schaum absetzt. Dann die Hitze abschalten und den Oktopus im Sud (zugedeckt) lauwarm abkühlen lassen – dies gehört zur Garzeit!

Der Oktopus ist jetzt zart und saftig und kann zu Salat gereicht oder anderweitig eingesetzt werden.

68 Pasta mit Fisch / Meeresfrüchten

Zu Pasta mit Fisch und / oder Meeresfrüchten passt kein Käse. Man nimmt stattdessen in Olivenöl geröstete Semmelbrösel, nach Belieben mit etwas zum Schluss hinzugefügtem Knoblauch (und weiterhin eventuell mit Petersilie, Basilikum, Oregano oder Rosmarin) parfümiert.

Tipp 67: Zarter Oktopus: Keinesfalls darf das Wasser blubbernd kochen!

REZEPT: OKTOPUS AUF LIGURISCHE ART

2–3 kleine oder 1 größeren **POLYPEN** (insg. 600–800 g) putzen, falls nötig: Den Körper aufschneiden, umstülpen und ausleeren. Den Mund, der in der Mitte der Tentakel sitzt, herausschneiden. Die Tintenfische in reichlich gut gesalzenem Wasser 10 (kleine) bis 20 Minuten leise sieden, dann im Sud lauwarm werden lassen.

Für den Salat 500 g **KARTOFFELN** gar kochen, pellen und in Scheiben schneiden. 2 noch nicht ganz vollreife **FLEISCHTOMATEN** (Ochsenherzen) in kochendem Wasser 1 Minute brühen, kalt abschrecken und richtig abkühlen, häuten und in Würfel schneiden; 1 große weiße **ZWIEBEL** in Ringe hobeln; 1 kleine Zucchini fein würfeln. Alles hübsch auf Vorspeisentellern anordnen, den Tintenfisch jeweils im Ganzen oder in Stücken daraufsetzen, mit 2 EL kleinen, dunkelvioletten **OLIVEN** (taggiasche) umlegen und mit 1 Handvoll abgezupften **BASILIKUMBLÄTTERN** (größere klein schneiden) bestreuen.

Alle übrigen Zutaten mit dem Stabmixer zu einer Sauce pürieren und darübergießen. Schmeckt am besten, wenn Oktopus und Kartoffeln noch lauwarm sind!

69 Pochierte Eier

Eine köstliche Zubereitung, die mancherlei Tücken hat und leider häufig schlecht oder gar falsch beschrieben wird. Am wichtigsten: Das Wasser nicht salzen – das Eiweiß fludert dadurch auseinander und bildet keine schöne Tasche (frz. poche, daher die Bezeichnung). Dagegen ist ein Schuss Essig oder Wein günstig, auch für den Geschmack. Der Topf sollte tief, nicht breit sein – und die Eier unbedingt schon 5 Tage alt und kühlschrank-kalt. Und schließlich noch ein Trick, wie sich das Eiweiß sicher um den Dotter schmiegt: Mit einem Kochlöffel das nur leise siedende, auf keinen Fall kochende Wasser kreisend umrühren, bis ein Wirbel entsteht, und das Ei vorsichtig in die Mitte des Strudels gleiten lassen.

Am besten das Ei in eine Suppenkelle oder in eine Tasse schlagen und aus dieser ins Wasser rutschen lassen. Nur 3 bis 4 Minuten ziehen lassen, mit einer Schaumkelle herausheben.

EXTRA-TIPP

Wenn man für viele Gäste
pochierte Eier vorbereiten will:
Sie schon vorher pochieren,
einzeln auf Küchenpapier setzen.
Und zum Servieren in einem
breiten Topf nur noch mal kurz
in heißem Wasser erwärmen.

REZEPT: EIER BENEDICT

2 Scheiben **SCHINKEN** (etwa 2–3
mm dick) auf beiden Seiten in
BUTTER leicht anbraten.
2 **TOASTBROTSCHEIBEN** rösten,
auf vorgewärmten Tellern
anrichten: Auf die Toasts den
Schinken legen, darauf jeweils
1 oder 2 **POCHIERTE EIER,** mit
SAUCE HOLLANDAISE überzie-
hen (Rezept: Seite 81) und mit
SCHNITTLAUCHRÖLLCHEN
(Seite 54) bestreut servieren.

EIER POCHIEREN

Tipp 69: Am wichtigsten bei pochierten
Eiern: Das Wasser nicht salzen!

70 Avocados zubereiten

Grundsätzlich gilt: Avocados (die verschiedenen Sorten, siehe Seite 21) werden roh verspeist, nur in Ausnahmen erwärmt, aber auch dann niemals gekocht – das macht sie bitter und ungenießbar. Vorzugsweise isst man sie bei uns püriert als Sauce oder Dip oder in Würfeln oder Scheiben im Salat. Dabei sollte man grundsätzlich kein Öl zufügen. Das sorgt nur für absolut unnötige Kalorien. Die Früchte heißen ja mit Recht auch „Butter des Waldes". Sie sind so fettreich, dass sie kein Öl zusätzlich brauchen.

Zur geschmacklichen Abrundung (und zum Schutz gegen Oxidation, also das Braunwerden) ist nur Zitronen- oder Limettensaft nötig. Außerdem natürlich Salz sowie Gewürze (Piment – auch Allgewürz genannt – passt besonders gut), gern auch Zwiebel und/oder Knoblauch (beides sehr fein gewürfelt oder gerieben), Schnittlauch, Bärlauch und andere Kräuter, zum Beispiel Koriandergrün, um ihren vollen Geschmack zu entwickeln. Und Chili! Als Creme auf Crostini, Graubrot oder Pumpernickel und als Begleitung zu gegrilltem Fleisch, zu Fisch oder Meeresfrüchten, als stückige Salsa oder in dünnen Scheiben als Salat zu Blattsalaten, Fisch- und Krustentieren, jedwedem Fleisch, Käse …

REZEPT: AVOCADOCREME ODER GUACAMOLE

Das Fruchtfleisch von 2 reifen **AVOCADOS** auslösen (siehe Seite 30), mit der Gabel zerdrücken. Dabei den Saft von 1 bis 2 **LIMETTEN** untermischen, damit sie sich nicht verfärben.

Würzen mit **SALZ,** fein gehackter **CHILISCHOTE** (Jalapeno) oder **CAYENNEPFEFFER** (ersatzweise auch Tabasco) und grünem **KORIANDER** (Blätter). Nach Belieben mit sehr fein gehackter **ZWIEBEL** (Schalotte) und/oder **KNOBLAUCH,** gemahlenem **PIMENT** abschmecken und kleine Würfel von festfleischigen **TOMATEN** untermischen.

71 Blattsalat und Vinaigrette-Variationen

Viele Menschen trauen sich nicht, die einfachste aller Saucen für Blattsalate selbst herzustellen, und kaufen sich für erstaunlich viel Geld erstaunlich überflüssige, erstaunlich schlecht und uniformiert schmeckende Hilfsmittel.

Dabei ist doch alles ganz einfach: 2 EL Essig, eine gute Prise Salz („Salat" leitet sich ab von lat. Sal = Salz), eventuell etwas Senf und

Pfeffer sowie 2–3 EL Öl. Faustregel: Essig und Öl in nahezu gleicher Menge, nur vielleicht 10 % mehr Öl.

Allein mit der Wahl des Essigs und des Öls lassen sich Hunderte von verschiedenen Aromen erzielen. In der entsprechenden Feinkostabteilung findet man heute so viele unterschiedliche Essig- und Öl-Produkte, dass drei Jahre kaum ausreichen dürften, um alle auszuprobieren ... Wer seinen Salat leicht gesüßt liebt, braucht nicht mehr mit Zucker nachzuhelfen, sondern greift zum Balsam-Essig. Der Kombinationsmöglichkeiten sind viele ...

Normalerweise wird die Vinaigrette mit der Gabel oder dem Salatbesteck angerührt – zunächst Salz (eventuell mit Senf) im Essig auflösen, dann erst das Öl dazurühren. Gibt man mehr Senf (vorzugsweise den nur aus gemahlener Senfsaat, Essig und Salz bestehenden Dijon-Senf) und Knoblauch nach Geschmack dazu, kann man mit dem Stabmixer eine cremige Sauce aufschlagen, welche die gut abgetropften oder besser trocken geschleuderten Salatblätter schön umhüllt. Vor allem zu empfehlen, wenn auch Fleisch, Fisch, Eier, Käse oder Gemüse in den Salat gemischt werden, der als Vorspeise oder kleiner Imbiss dient.

EXTRA-TIPP

Natürlich kommt es darauf an, den Säuregrad des Essigs und die Schwere des Öls zu berücksichtigen: Ein französischer Weinessig hat oft 7 bis 8 Grad Säure (deutscher meist nur 6 Grad, Obstessig 5 Grad). Hier gilt: Je saurer der Essig, umso mehr Öl ist nötig. Nicht nur als geschmacklicher Ausgleich, auch um eine Bindung zu erzielen. Und ein Olivenöl bester Provenienz (natürlich immer extra vergine!) wirkt weniger fett als ein Walnussöl, das sparsam verwendet werden muss, eventuell sogar mit einem neutralen Raps- oder Maiskeimöl gestreckt, damit es leichter wirkt.

72 Kräutersalat

Grüne Salate aus verschiedenen Blättern und abgezupften oder gehackten Kräutern, auch Salate, die ausschließlich aus Kräutern bestehen, kommen mit einer leichten Vinaigrette aus, bei der man auf den Senf verzichten kann. Die Blätter in diesem Fall lieber nicht trocken schleudern, sondern nur so weit abtropfen, dass sie noch feucht sind. Die Vinaigrette wird dadurch verdünnt und lässt die Aromen der Kräuter klarer heraustreten.

Hervorragend als Begleitung zu Fleisch, Fisch, Kartoffeln, Pasta und Gemüse.

73 Gurkensalat

Wird weniger wässrig, wenn man die Gurkenscheiben zunächst in Öl wendet und erst unmittelbar vor dem Servieren salzt und mit Essig anmacht.

74 Grüner Bohnensalat

Immer erst unmittelbar vor dem Servieren mit einer Vinaigrette mischen, niemals ziehen lassen – die Bohnen verlieren durch die Säure Farbe und Frische, sehen dann nicht nur wie Dosenware aus, sondern schmecken auch so. Und: Die Bohnen nach dem Blanchieren – rohe Bohnen sind unbekömmlich, sie enthalten das Gift Phasin – unbedingt richtig abkühlen, bevor sie angemacht werden. Die Säure (Essig, Zitronensaft) macht sie hässlich grau.

75 Weißer Bohnensalat

Weiße Bohnenkerne – oder auch die braun gefleckten Wachtel- oder violett-schwarzen Feuer- bohnen – gleich nach dem Kochen abgießen und noch heiß mit gut gesalzener Vinaigrette anmachen: So verbinden sie sich besser mit ihr und gewinnen Geschmack. Zwiebeln, Knoblauch und Kräuter dagegen erst nach dem Abkühlen unmittelbar vor dem Servieren zufügen!

76 Kartoffelsalat

Festkochende Kartoffeln (Salatkartoffeln) in der Schale in wenig Wasser vollkommen gar kochen – ein spitzes Messer muss wie in Butter hineingleiten; abgießen, bevor sie zu platzen beginnen!

Nur so weit abkühlen lassen, bis man sie gut anfassen kann. Schale abziehen, die Kartoffeln in gleichmäßig dünne Scheiben schneiden. In

Tipp 75: Weiße Bohnenkerne, braun gefleckte Wachtelbohnen und violett-schwarze Feuerbohnen schmecken fabelhaft als Salat.

KARTOFFELSALAT

Tipp 76: Der perfekte Kartoffelsalat – so geht es richtig:

einer Schüssel mit etwas heißer Gemüse- oder Fleischbrühe benetzen, sogleich auch Essig, Salz und Pfeffer zufügen. Alles vermischen, vorsichtig, damit die Scheiben nicht völlig zu Brei werden – sie dürfen aber zerbrechen. Immer wieder einen Schuss Brühe (und Essig nach Geschmack) zufügen und umwenden, bis der Salat zu „schmatzen" beginnt.

Erst dann nach Belieben mit gehackter oder geriebener Zwiebel und Knoblauch würzen. Mindestens ½ Stunde ziehen lassen, dann mit etwas gutem Öl nach persönlicher Vorliebe anmachen und erneut mit Essig und Brühe auf die gewünschte „schlunzige" Konsistenz einstellen. Die Würze überprüfen und erst jetzt beliebige Kräuter zufügen.

Wenn Sie grobes Salz oder Fleur de Sel mit dem Öl mischen und den nur mit Essig und Brühe angemachten Salat sofort nach dem Anmachen servieren, erleben sie die im Mund explodierenden Salzkristalle auf besonders anregende Weise!

77 Zu dünne Cremesuppen oder Saucen

Eine rohe, geriebene Kartoffel mitkochen: gibt eine schön sämige Bindung. Und schmeckt besser als mit Mehl angedickt!

78 Kochen und Backen mit Butter

Bei vielen Zubereitungen ist Süßrahmbutter der Sauerrahmbutter überlegen: Saucen – wie Hollandaise oder Béarnaise – erhalten eine bessere Bindung und flocken nicht so leicht aus. Gebäck schmeckt aromatischer und löst sich besser aus der Form.

79 Hollandaise und Béarnaise

Es wird immer wieder empfohlen, diese Saucen im Wasserbad aufzuschlagen – in einer klassisch ausgestatteten Küche mit Recht. Wer einen Induktionsherd hat, braucht dies nicht mehr: Die Temperatur lässt sich auch im unteren Bereich exakt führen und ein Überhitzen ist leicht zu vermeiden. Passiert es dennoch und das Eigelb droht auszuflocken, sofort möglichst kalte Butter hineinschlagen.

Ist sie ausgeflockt, muss man die Sauce mit neuem Eigelb noch einmal ansetzen – allerdings erfordert die Rettung Fingerspitzengefühl.

REZEPT: SAUCE HOLLANDAISE

1–2 EL **ZITRONENSAFT, APFEL- ODER WEISSWEINESSIG** in einen am Boden abgerundeten Topf gießen und erwärmen. ½ TL **SALZ, WEISSEN PFEFFER** nach Belieben, etwas **MUSKATNUSS** und **CAYENNEPFEFFER** nach Geschmack sowie einen Spritzer **WORCESTERSHIRE SAUCE** zugeben. 4 **EIGELB** unterrühren und bei milder Hitze schaumig aufschlagen, dabei auch in die Rundungen des Topfes arbeiten, damit nichts ansetzen kann. Schließlich 200 g zerlassene (ursprüngliche Zubereitungsart) oder **BUTTER** in eiskalten Flöckchen (moderne Variante) nach und nach zufügen und einschlagen. Dabei die Sauce vorsichtig weiter erhitzen, bis sie bei ständigem Schlagen dicklich wird.

Ebenso wird die Sauce Béarnaise aufgeschlagen, allerdings kocht man dazu als Saucenansatz 2 EL **WEISSWEINESSIG** mit 4 EL trockenem **WEISSWEIN,** einigen zerdrückten **PFEFFERKÖRNERN,** ein paar Stängeln Estragon und etwas Salz auf ein Drittel ein, gießt diesen Ansatz durch ein Sieb ab und verfährt dann damit wie oben angegeben.

80 Mayonnaise

Alle Zutaten sollten die gleiche Temperatur haben – die Eier also eine Stunde vor der Zubereitung aus dem Kühlschrank holen.

Wenn die Mayonnaise nicht bindet, sondern grisselig wird oder ausflockt, einen Tropfen heißes Wasser zufügen und weiterschlagen. Falls auch das nicht hilft, mit einem neuen Eigelb nochmals beginnen und die missglückte Mayonnaise nach und nach zufügen.

Tipp 80: Zutaten für die perfekte Mayonnaise.

REZEPT: MAYONNAISE

1 El **SENF**, 1 **EIGELB**, 1 TL **ESSIG** oder **ZITRONENSAFT** in ein schlankes, hohes Gefäß (Mixbecher) geben, das den Kopf des Stabmixers gerade aufnehmen kann – ersatzweise ein passendes Glas verwenden.

Etwas **SALZ** und **PFEFFER,** eine Prise **ZUCKER** und einen Spritzer **WORCESTERSHIRE SAUCE** zufügen. Den Stabmixer einführen, einschalten und langsam 125 ml **ÖL** (nach Geschmack ein mildes Olivenöl, ein neutrales Öl – Sonnenblumen-, Erdnuss- oder Sojaöl oder eine Mischung daraus) langsam hinzufließen lassen und aufschlagen, bis die Mayonnaise cremig-fest ist. Abschmecken.

mitmixen, ebenso Würzflüssigkeiten (aromatisierter Essig, Chilisauce, Südweine, Brände).

Abwechslung kann man auch durch **VERSCHIEDENE ÖLE** (oder durch eine Beimischung von Nuss- oder Kürbiskernöl) erzielen.

VARIANTEN MAYONNAISE

Gibt man 1 oder 2 **KNOBLAUCH-ZEHEN** hinzu, erhält man eine noch bessere Bindung: die berühmte provenzalische Ailloli.

Beliebig mit **KRÄUTERN** (Basilikum, Kerbel, Estragon, Dill, Schnittlauch) und Gewürzen anzureichern. Kräuter entweder fein gehackt am Schluss hinzufügen oder von Anbeginn

81 Lob der kleinen Mehlbutter

Mehlschwitzen als Saucenbasis sind heute verpönt – zu pappig, geschmacklich nur erträglich, wenn lange durchgekocht. Die kleine Mehlbutter jedoch kann manchmal von großem Vorteil sein: Wenn man keine Sauce hat, aber etwas Bratensatz beim schnellen Braten oder Dünsten von Fisch, Fleisch oder Gemüse entstanden ist, dann entsteht so im Handumdrehen eine köstliche Sauce:

Einen Schuss Brühe, Wein, Saft oder andere Flüssigkeit angießen und etwas mit gleicher Menge Mehl verknetete Butter mit dem Schneebesen einschlagen und drei, vier Minuten durchkochen – eine perfekte Bindung in der schnellen Alltagsküche!

82 Säure und Garzeit

Bereitet man ein Gericht mit Kartoffeln, Wurzelgemüse oder Hülsenfrüchten zu, so sollte man Säure (in Form von Wein, Essig, Zitronensaft oder frischen Tomaten) nicht gleich zu Anfang zufügen, denn sie verlangsamt oder verhindert manchmal sogar das Garwerden. Es kann in einem Eintopf bereits die Säure von Tomaten den Garprozess bei Kartoffeln verzögern. Und ein Elsässer Bäckeoffe braucht, mit Wein angesetzt, erheblich länger als mit Brühe. Auch Eintöpfen und Suppen, in denen Linsen, Bohnen-

kerne oder Erbsen mitkochen, sollte die Säure erst zum Schluss zum Abschmecken und Auffrischen zugefügt werden.

Gleiches gilt für das Röstgemüse, das man neben einen Braten streut: Wein bitte erst dann angießen, wenn das Gemüse bereits gar ist – es kann sonst nicht püriert werden, um den Saucenfond zu binden!

83 Nationalgericht Sauerkraut

Es ist schon erstaunlich, was mit dem angeblichen Lieblingsgericht der Deutschen alles angestellt wird! Vor allem scheint man hierzulande nicht das weiße, frisch gekochte Kraut zu lieben, sondern, wie Wilhelm Busch so schön reimte:

Eben geht mit einem Teller,
Witwe Bolte in den Keller,
Daß sie von dem Sauerkohle
Eine Portion sich hole,
Wofür sie besonders schwärmt,
Wenn er wieder aufgewärmt.

Unserer Meinung nach ein großer Irrtum, denn dann hat das feine Kraut einen derben Oxidationsgeschmack, liegt bräunlich-matt auf dem Teller, nachher schwer im Magen und sämtliche wertvollen Inhaltsstoffe sind vernichtet ...

CHECKLISTE FÜR EIN PERFEKTES SAUERKRAUT

☐ Bitte niemals pasteurisiertes oder Konserven-Sauerkraut kaufen! Nur rohes Sauerkraut ist gut. Bekommt man noch in guten Metzgereien und auf dem Bauernmarkt.

☐ Sauerkraut lieber nicht in Fett dünsten, sondern immer erst mit Wasser bedeckt (fast) gar kochen – das dauert nicht länger als 20 Minuten! Dann kann es nicht oxidieren, bleibt weiß und verliert nicht seine positiven Eigenschaften.

☐ Vor dem Kochen eine Handvoll Sauerkraut beiseitelegen. Ganz zum Schluss roh unter das gekochte mischen: schmeckt gut, gibt Biss, ist gesund!

☐ Fleisch, Würste oder Fisch nie zusammen mit dem Sauerkraut kochen! Sie überlagern den feinen Geschmack. Immer das Sauerkraut alleine garen.

☐ Dann erst mit den getrennt gegarten Würsten, Speck, Fleisch, Fisch oder was auch immer servieren.

REZEPT: SAUERKRAUT

1 kg frisches **SAUERKRAUT** kurz unter fließendem Wasser auswaschen, um überflüssiges Salz zu entfernen. Mit Wasser bedeckt aufsetzen und etwa 20 Minuten kochen lassen. Herausheben, abtropfen lassen. Unterdessen in **GÄNSE- ODER SCHWEINESCHMALZ, BUTTER ODER ÖL** eine fein gehackte **ZWIEBEL** (und nach Geschmack auch eine **KNOBLAUCHZEHE**) glasig dünsten. Dabei würzen: mit 3–4 **WACHOLDERBEEREN,** 1 **LORBEERBLATT,** 1 TL **PFEFFERKÖRNER,** 1 **GEWÜRZNELKE,** nach Belieben auch mit 1 geriebenen oder klein gewürfelten **APFEL.** Jetzt erst das fast gare Kraut zufügen, nur noch einen Schuss trockenen **WEIN** (Riesling) angießen und das Ganze einmal aufkochen lassen. Anrichten und mit den dazu vorgesehenen Sachen (Würsten, Fleisch oder Fisch) garnieren. Dazu gibt's gedämpfte Kartoffeln oder Kartoffelbrei.

So macht man's im Elsass, wo Senf, saure Gürkchen und natürlich Wein dazu nicht fehlen dürfen, und so behalten alle Komponenten ihren klaren Eigengeschmack.

SAUERKRAUT

Tipp 83: Bitte niemals pasteurisiertes oder Konserven-Sauerkraut kaufen!
Nur rohes Sauerkraut ist gut.

84 Dampfkartoffeln

Sollte man Salzkartoffeln stets vorziehen. Sie brauchen kein Salz, wie die geschälten Kartoffeln, die in Wasser gegart werden, und haben noch alle Inhaltsstoffe in sich, die bei Salzkartoffeln im Kochwasser ausgezogen und dann weggekippt werden.

85 Risotto-Kunst

Einen perfekten Risotto zuzubereiten, ist nicht schwer – und trotzdem bekommt man selten einen richtig guten serviert. Wichtig ist zunächst der richtige Reis – vorzugsweise aus Italien, rundkörnig und relativ klein, auf jeden Fall geschält – zum Beispiel Vialone nano, Arborio (auch geeignet: Bomba, der spani-

CHECKLISTE RISOTTO

- ☐ Risottoreis wird auf keinen Fall gewaschen, denn dann würde die anhaftende Stärke abgewaschen, die zur Bindung beitragen soll.
- ☐ Die im Fett (Olivenöl, Butter oder Ochsenmark) angedünsteten Reiskörner werden mit einer kleinen Menge Wein abgelöscht, dann aber darf sie nur noch heiße Brühe erreichen. Sonst wird der Garprozess unterbrochen und die Reisstärke daran gehindert aufzuquellen.
- ☐ Die Körner sollen am Ende weich sein, aber im Innersten noch einen winzigen Biss aufweisen. Sie dürfen auf keinen Fall übergart werden und x-förmig aufgehen!
- ☐ Es gehören reichlich geriebener Parmesan oder Grana sowie Butter hinein: nicht zu knapp!
- ☐ Und schließlich noch ein wenig heiße Brühe, damit der Risotto wie eine Welle vom Kochlöffel schwappt: nicht zu flüssig, aber auch nicht zu fest.
- ☐ Jetzt das Salz überprüfen, und als Tüpfelchen aufs i: so viel Zitronensaft, dass er nicht säuerlich hervorschmeckt.

REZEPT: RISOTTO MILANESE

1 ZWIEBEL oder 2 SCHALOTTEN sehr fein würfeln, in 2 EL BUTTER andünsten. REIS hinzuschütten, schön durchschwitzen, bis alles von Fett glänzt, und mit WEISSWEIN ablöschen. Wenn dieser verkocht ist, nach und nach 1 l heiße HÜHNER- ODER GEMÜSE-BRÜHE angießen, immer nur schöpfkellenweise nachfüllen, damit die Reiskörner nicht ertrinken, sondern immer nur benetzt werden.

Nach etwa 20 Minuten mit SALZ, PFEFFER, der abgeriebenen Schale von ½ ZITRONE und 1 Löffelspitze SAFRAN würzen. 50 g frisch geriebenen PARMESAN und 50 g BUTTER in Flöckchen unterschwenken. Mit einer letzten Kelle Brühe abrunden. Noch eine Minute ziehen lassen, der Risotto soll jetzt cremig-weich sein, gelb leuchten und verführerisch duften.

In tiefen Tellern anrichten. Ein paar SCHNITTLAUCH-RÖLLCHEN als Farbklecks drauf und servieren.

sche Paella-Reis), als der beste gilt Carnaroli. Über die richtige Garmethode kann man streiten – man kann den Risotto rühren, schwenken, im Schnellkochtopf rasch oder in einer Art Kochkiste langsam quellen lassen

86 Spätzle

Ob man für eine oder mehrere Mahlzeiten Spätzle herstellt – der Aufwand ist kaum größer. Deshalb lohnt sich immer, gleich die doppelte Menge Teig anzusetzen und, was übrig bleibt, einzufrieren. Beim nächsten Mal ist die im Gefrierbeutel verpackte Portion in wenigen Minuten in der Mikrowelle oder im Dampfgarer aufgetaut (ein kleines Loch in die Tüte stechen, damit die sich ausdehnende Luft und Dampf entweichen können) und von frisch gekochten Spätzle nicht zu unterscheiden.

Die ins köchelnde Wasser geschabten (oder mit dem „Spätzlewunder" gepressten) Spätzle sind in einer Minute gar, werden mit der Schaumkelle herausgefischt und in einer Schüssel mit heißem Wasser gewaschen. So können sie nicht zusammenkleben und man kann sie gleich servieren oder einfrieren.

REZEPT: KÄS'SPÄTZLE

In einer Rührschüssel 400 g **MEHL**, 5–6 **EIER** und **SALZ** mit dem Holzlöffel schlagen, bis der Teig glatt und seidig ist und Blasen wirft. Eine halbe Stunde zugedeckt ruhen lassen. Währenddessen 3–4 **ZWIEBELN** schälen, in dünne Ringe hobeln. In einer großen beschichteten Pfanne in 25 g **BUTTER** (Butterschmalz) ganz langsam braten, bis sie duften und goldbraun geröstet sind.

Die Spätzle portionsweise vom Brett schaben oder durch die Presse in leise kochendes Salzwasser drücken und garen: Wenn sie oben schwimmen, sind sie fertig. Mit der Schaumkelle herausheben und in klarem heißen Wasser abspülen. In einem Sieb abtropfen lassen. Spätzle in einer flachen Gratinform verteilen, dabei mit 200 g frisch geriebenem **BERGKÄSE** (Allgäuer!) und den gerösteten Zwiebeln vermischen. Bei 160 Grad Heißluft oder 180 Grad Ober- und Unterhitze etwa 10 Minuten überbacken. Dazu einen mit Essig und Öl angemachten Salat reichen.

87 Käse zur Pasta

Die klassischen Käse zur Pasta sind Parmigiano Reggiano, Grana Padano oder Pecorino. Obwohl inzwischen auch der Begriff Parmesan geschützt ist, wird er noch immer für Reibekäse allgemein verwendet. Also aufpassen! Und: Unter bereits geriebenen Käse wird gerne billigeres Material gemischt. Auch deswegen sollten Sie immer den auf der Rinde deutlich gekennzeichneten Käse am Stück kaufen und selbst reiben, vor allem aber, weil frisch geriebener Käse besser schmeckt. Käse wie Emmentaler oder Tilsiter sind nicht geeignet, weil sie beim Erwärmen Fäden ziehen, die den Genuss doch stark beeinträchtigen.

88 Ravioli

Die gefüllten Teigtäschchen sind äußerst beliebt, doch selbst mag sie kaum jemand machen – die meisten Menschen kaufen sie fertig, weil sie die Mühe der eigenen Zubereitung fürchten. Dabei gilt: Aus handwerklicher Produktion können sie gut sein, aus der Fabrik sollte man sie meiden und Dosen-Ravioli gehen gar nicht. Verzichtet man jedoch darauf, den Teig selbst herzustellen, und nimmt fertige Wantan-Hüllen aus dem Asia-Laden, erspart man sich die mühseligste Arbeit. Es gibt sie gekühlt im Vakuum-Pack oder auch als TK-Ware. Schnell und gut und praktisch zu verarbeiten. Man kann sein ganzes Augenmerk auf eine gute Füllung richten ...

EXTRA-TIPP

Besonders hübsch sieht es aus und passt auch geschmacklich, wenn man zu grünen Saucen Tupfen von rotem Paprika-Öl setzt: Einfach etwas Öl mit Paprikapulver nach Geschmack (siehe Seite 22) verrühren.

Tipp 87: Käse wie Emmentaler oder Tilsiter sind zur Pasta nicht geeignet, weil sie beim Erwärmen Fäden ziehen.

REZEPT: KÄSE-RAVIOLI

WÜRZIGER WEICHKÄSE, es kann auch eine Mischung aus gewürfelten Hartkäsen sein, auch Blauschimmelkäse, wird in Teig gehüllt und gedämpft. Dazu eine säuerliche, ganz leichte Kräutersauce! 3 EL **ROSINEN** und 3 EL **NÜSSE** mit 3 EL **APFELBRAND** tränken und ziehen lassen. 6 **WANTAN-TEIGBLÄTTER** nebeneinander auf der Arbeitsfläche ausbreiten. 2 Tassen **KÄSEWÜRFEL** mit Rosinen und Nüssen mischen, jeweils in die Mitte verteilen. Die Ränder der Teigblätter mit Wasser einpinseln, hochnehmen und zusammenkniffen. Zum besseren Halt kann man sie auch mit Eiweiß einpinseln. Die Beutelchen über Dampf zehn bis zwölf Minuten garen.

Für die Vinaigrette 1 EL **KRÄUTERPÜREE** (siehe Seite 106), 3 EL **WEISS-WEINESSIG**, 3 EL **GEFLÜGELFOND**, 4 EL **OLIVENÖL, SALZ, PFEFFER** mit dem Stabmixer aufschlagen und abschmecken.

89 Pfannkuchen

Selbst erfahrenen Köchen misslingt oft der erste – lassen Sie sich durch solch ein Missgeschick nicht aus der Fassung bringen. Braucht er zu lange, die Hitze etwas steigern. Zeigen sich verkohlte Blasen, die Energiezufuhr drosseln. Am besten mit 2 Pfannen gleichzeitig arbeiten, dann geht's schneller. Nehmen Sie unbedingt beschichtete Pfannen, die Sie trotzdem mit Butter ausstreichen oder mit einer Speck-schwarte ausreiben. Der Teig sollte sehr flüssig sein – je dünner, desto besser schmecken die Pfannkuchen. Im Backofen abgedeckt warm halten, bis alle fertig sind.

Tipp 89: Von Pfannkuchen sollte man immer mehr vorsehen, als man braucht: In Streifen geschnitten sind sie eine der vorzüglichsten Suppeneinlagen – die Schwaben wissen das und lieben ihre Flädle über alles!

REZEPT: PFANNKUCHEN (CRÊPES)

5 **EIER** verquirlen, 300 g **MEHL** und eine Prise **SALZ** gut darin verrühren. Dann erst nach und nach **WASSER** und **MILCH** zufügen und energisch mit dem Schneebesen zu einem glatten und sehr flüssigen Teig schlagen. Mindestens eine Stunde, besser über Nacht oder ½ Tag stehen und den Mehlkleber sich entwickeln lassen.

Jeweils eine kleine Schöpfkelle in die ausgebutterte oder mit einer Speckschwarte ausgeriebene Pfanne gießen, sofort drehen und schwenken, damit sich der Teig rasch von selbst überallhin verteilt. (Wenn Sie mit einem Löffelrücken nachhelfen müssen, ist der Teig zu dick! In diesem Fall mit einem Schuss Wasser verdünnen.) Pfannkuchen wenden, wenn sich der Rand bräunt und kräuselt – dazu auf einen Topfdeckel stürzen und von diesem wieder in die Pfanne gleiten lassen oder mit einem Schubs in die Luft werfen und wieder auffangen – geht ganz leicht, wenn die Pfanne einen im richtigen Winkel aufgestellten Rand hat: nur Mut!

90 Nocken und Knödel

Sie sollen locker und duftig sein, nicht speckig und fest, und sie dürfen nicht im Kochwasser auseinanderfallen. Um das zu überprüfen, sollte man stets aus der Knödelmasse zunächst einen Probekloß formen und in leise siedendem Wasser gar ziehen lassen. Zerfällt er, muss man die Masse mit einem Löffel Mehl, Stärke oder Semmelbrösel festigen. Ist er zu fest, muss man ihn mit einem Schuss Milch, Sahne oder Brühe auflockern.

91 Mürb(e)teig

Alle Zutaten mit möglichst kalten Händen rasch vermischen. Dabei nicht zu lange kneten, es dürfen Mehlinseln zu sehen sein. Zu lange gekneteter Mürbteig wird beim Backen hart und trocken, nicht mürb. Vor dem Ausrollen in Folie gewickelt eine halbe Stunde kalt stellen!

92 Hefeteig

Mit zimmer- bzw. küchenwarmen Zutaten zubereiten, vorzugsweise in der Küchenmaschine. Immer mit einem Tuch bedeckt an einem warmen, zugfreien Ort gehen lassen. Und: Wenig Hefe verwenden! Meist genügt die halbe Menge, lieber dem Teig mehr Zeit geben, vor allem, wenn es Brot- oder Pizzateig ist. Hefe raubt dem Teig Geschmack!

Tipp 92: Für einen Hefeteig genügt meistens die Häfte der angegebenen Menge der Hefe im Rezept – lieber dem Teig mehr Zeit geben.

93 Pizza

Pizza kann ein Schnellgericht sein, wenn man den Teig rechtzeitig vorbereitet hat! Rühren Sie ihn während des Frühstücks (oder des Zähneputzens) in der Küchenmaschine, stellen ihn in den Kühlschrank und holen ihn am Abend, nach der Arbeit, raus: Während der Ofen aufheizt und Sie den Belag vorbereiten, kann er warm, dann ausgerollt und belegt werden. Ist die Pizza im Ofen, decken Sie den Tisch. In 20 Minuten ist alles erledigt und der Genuss beginnt – ordinäre TK-Pizza mit Pappboden überflüssig.

94 Eischnee

Die meisten Menschen haben nicht die Geduld, den Eischnee so lange zu schlagen, dass er später eine Creme oder einen Teig perfekt aufgehen lässt und nach dem Backen stützt. Deshalb lieber eine Maschine mit einer möglichst großen Schüssel arbeiten lassen: Die Eiweiß langsam anschlagen, bis sie ihre Transparenz verlieren. Dann nach und nach die Geschwindigkeit erhöhen, eine Prise Salz (bindet das Wasser und stärkt die Struktur) und je nach Bedarf Zucker zufügen. Das Ganze sollte mindestens 10 Minuten dauern (Wiener Konditoren schlagen den Schnee eine halbe Stunde!). Zum Schluss noch kurz auf schneller Stufe durchschlagen – der Schnee muss jetzt fest in der Schüssel sitzen bleiben, wenn man sie umdreht.

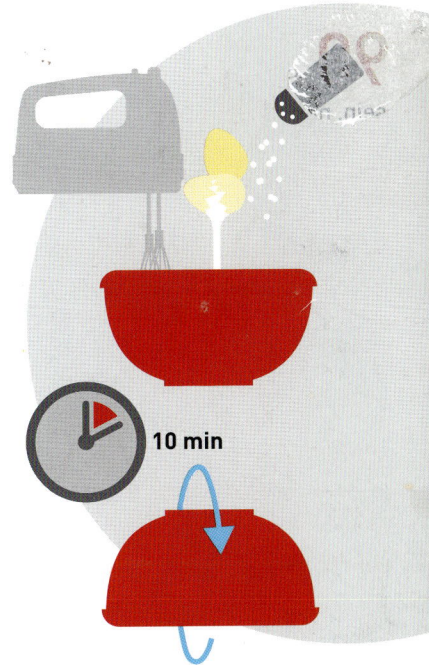

10 min

REZEPT: TOPFEN-SOUFFLÉ

200 g **MAGERQUARK** 10–12 Stunden in einem mit Küchenpapier ausgelegten Sieb abtropfen lassen. 3 große **EIER** trennen. Eigelb mit 3 EL **ZUCKER** glatt rühren, 2 cl **ZITRONENLIKÖR** und 1 TL abgeriebene **ZITRONENSCHALE** untermischen. Eiweiß mit 2 EL Zucker und einer **SALZPRISE** zu Schnee schlagen und behutsam unter die Quarkmasse ziehen. Portionsförmchen mit weicher **BUTTER** ausstreichen, mit Zucker ausstreuen. Die Masse darin verteilen. Sie darf die Förmchen ruhig bis knapp unter den Rand füllen. Die Förmchen nebeneinander in einen Bräter setzen, kochendheißes Wasser bis knapp unter den Rand der Förmchen angießen. Im auf 220 Grad vorgeheizten Backofen (wenn möglich Unterhitze verstärken, keine Umluft!) etwa 25 Minuten backen, bis sie schön hochgegangen und an der Oberfläche braun geworden sind. Mit **PUDERZUCKER** bestäuben und in ihren Förmchen rasch servieren. Oder aus den Förmchen lösen, auf Teller setzen, mit Früchten und / oder Fruchtsaucen der Saison umgeben.

Dann ist der Schnee wie eine dicke weiße Salbe und kann mit seinen festen Luftbläschen den Kuchen oder die Creme luftig und duftig machen.

95 Eischnee unterheben

Den fertig geschlagenen Schnee nicht warten lassen, sondern gleich verwenden. Erst ein Drittel bis die Hälfte unter die vorbereitete Masse rühren, dann den Rest daraufgeben und unterheben, was heißt: Mit dem Schneebesen, besser noch Silikon- oder Gummischaber, nicht schlagen oder rühren, sondern mit ihm immer wieder sanft am Rand nach unten in die Schüssel fahren und in der Mitte nach oben ziehen. So wird der Schnee nicht gequetscht und behält seine Luftbläschen, die beim Erhitzen den Teig oder den Pudding aufblähen.

Tipp 96: Schokolade wird beim Abkühlen grau, wenn sie beim Schmelzen über 32 Grad erhitzt wird.

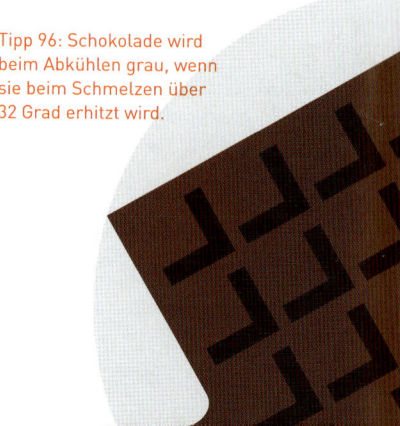

REZEPT: DER ULTIMATIVE MOHNKUCHEN

Duftig, luftig und locker, dabei herrlich saftig und vor allem nicht zu süß. Er passt sogar zum Glas Wein!

Für eine Springform von 24 cm Durchmesser 200 g weiche **BUTTER** mit 5 **EIGELB** und 50 g **PUDERZUCKER** zu einer dicken, weißen Creme schlagen. Erst dann 1 EL **RUM,** 1 EL **ORANGENLIKÖR** und die abgeriebene Schale von ½ **ZITRONE** zufügen und noch so lange rühren, bis die Creme glänzt und steif ist. 200 g **GERIEBENE WALNÜSSE ODER MANDELN** und 200 g **GEMAHLENEN MOHN** unterrühren. Zum Schluss den mit 130 g **ZUCKER** steif geschlagenen Schnee von 5 **EIWEISS** unterziehen.

Die Masse sofort in eine ausgefettete Form füllen. Im auf 150 Grad vorgeheizten Backofen eine gute Stunde backen – Stäbchenprobe machen. Aus der Form lösen, auf ein Kuchengitter gestürzt auskühlen lassen. Auf eine Kuchenplatte setzen, dick mit Puderzucker einstäuben.

96 Schokolade

Wenn man Schokolade schmilzt (für einen Tortenüberzug oder Pralinen), sollten 32 Grad nicht überschritten werden, sonst wird sie beim Abkühlen grau – diese Temperatur lässt sich überprüfen: Die geschmolzene Schokolade darf sich an der Lippe noch nicht richtig warm anfühlen.

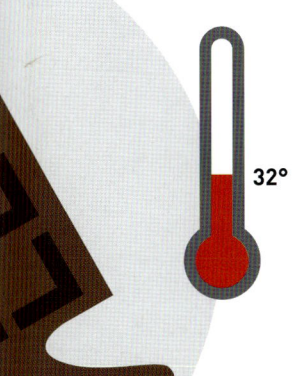

32°

97 Stäbchenprobe

Ob ein Kuchen durchgebacken ist, kann man leicht überprüfen: Ein Holzstäbchen durch die Mitte bis zum Boden durchstechen, einige Sekunden verweilen lassen, dann an die Oberlippe führen – es muss sich warm anfühlen.

Bei Brot klopft man von unten dagegen: Es muss sich hohl anhören, dann ist es gar.

VORRÄTE, EINMACHEN, RESTEVER-WERTUNG, AUFBEWAHRUNG

Neben den Dingen, die in einem Haushalt besonders beliebt sind (Süßigkeiten, Zutaten für Leibgerichte und Lieblingsessen etc.), gibt es drei Arten von Vorräten, die unterschiedliche Funktionen haben, aber in jedem Fall eine Zubereitung von Speisen aus dem Stand ermöglichen sollen:

98 Vorräte

GRUNDVORRÄTE, die in jedem Haushalt vorhanden sein sollten. Konserven und Trockenwaren, die krisenbeständig sind, müssen nur je nach Haltbarkeit ab und zu kontrolliert, verbraucht und ersetzt werden.

TIEFGEKÜHLTES hat kürzere Haltbarkeit und muss besser überwacht werden, zumal bei und nach Stromausfall. Hierzu gehören auch Fertiggerichte. Die Auswahl der Produkte wird im Allgemeinen ganz auf die Vorlieben des jeweiligen Haushalts eingerichtet sein.

Vor allem ein gewisser Vorrat an Gebäck und Brot, aber auch Fleisch, Geflügel, Fisch, Garnelen, Gemüsen und fertig gekochten Gerichten, Brühen und Fonds, Eisdesserts oder Beeren sowie Butter garantiert Unabhängigkeit, erspart manch eiligen Einkauf in letzter Minute und teures Ausweichen auf Restaurants.

FRISCHE ZUTATEN, die ständig benötigt und alle ein bis zwei Wochen erneuert werden müssen. Dazu gehört auch alles, was kühl stehen muss oder im Kühlschrank länger hält.

99 Einkochen, Einlegen und Fermentieren

Immer häufiger beschäftigt man sich in der letzten Zeit wieder damit, Konserven zuzubereiten – der Trend geht weg von uniformer Industrieware zu ganz individuell (aus als besonders gut empfundenen Zutaten) bereiteten lukullischen Delikatessen. Diese versuchen nämlich nicht nur ein Abklatsch des frischen Produktes zu sein (wie etwa „normal" in Salzwasser konservierter Spargel), sondern erfahren durch die Verarbeitung eine Veränderung zu einem eigenständigen Erzeugnis – zum Beispiel junge Einlegegurken, die mit Essig angesetzt auf den ganz persönlichen Geschmack abgestimmt zu Cornichons oder Gewürzgurken werden oder durch Milchsäuregärung zu Salzgurken (so wie die klassischen Schnibbelbohnen oder Sauerkraut). Solche altbekannten, klassischen Produkte werden heute im privaten Bereich wieder mit Freude hergestellt und neue, oft skandinavisch, slawisch oder asiatisch beeinflusste Kreationen bereichern derzeit wieder die Palette

UNSERE VORRATSSLISTE

Tipp 98: Diese drei Arten von Vorräten ermöglichen eine Zubereitung von verschiedenen Speisen aus dem Stand.

GRUNDVORRÄTE

- ☐ Reis
- ☐ Nudeln
- ☐ Hülsenfrüchte
- ☐ neutrales Öl
- ☐ Olivenöl
- ☐ Essig
- ☐ Balsamico
- ☐ Gemüsekonserven (Dosentomaten, Gewürzgurken etc.)
- ☐ Mehl
- ☐ Zucker
- ☐ Rosinen
- ☐ Mandeln und/oder Nüsse
- ☐ Obstkonserven
- ☐ Konfitüren
- ☐ Honig
- ☐ Salz
- ☐ Senf
- ☐ Gewürze (in dunklen Gefäßen)
- ☐ _____
- ☐ _____
- ☐ _____

TIEFGEKÜHLTES

- ☐ Gebäck und Brot
- ☐ Fleisch
- ☐ Geflügel
- ☐ Fisch
- ☐ Garnelen oder Muscheln
- ☐ Gemüse
- ☐ Fertig gekochte Gerichte
- ☐ Brühen und Fonds
- ☐ Eisdesserts
- ☐ Beeren
- ☐ Butter
- ☐ _____
- ☐ _____
- ☐ _____

FRISCHE ZUTATEN

- ☐ Zwiebeln
- ☐ Knoblauch
- ☐ Kartoffeln
- ☐ Suppengemüse
- ☐ Kräuter
- ☐ Würste und Schinken
- ☐ Halbkonserven von Fisch
- ☐ Eier
- ☐ Milch
- ☐ Sahne
- ☐ Joghurt
- ☐ Frischkäse und/oder Quark
- ☐ verschiedene Käse
- ☐ _____
- ☐ _____
- ☐ _____

vieler Spitzenköche. Sehr ähnliche Verfahren für neue Grundprodukte versprechen für die Zukunft interessante Entdeckungen.

100 Bewusste Produktion von Resten

Das Wort Rest hat heutzutage für viele Menschen eine negative Bedeutung – es ist übrig geblieben, wurde verschmäht, abgelehnt. Also wird der Rest gleich entsorgt oder kommt noch einmal in den Kühlschrank, ehe er dort verschimmelt und dann doch in der Mülltonne landet. Dabei sind Reste etwas sehr Wertvolles, nämlich der Grundstock für ein neues Essen, die schnell verfügbare Basis eines ganz anderen Gerichts. Unsere Vorfahren wussten das gut, und in allen Familienküchen der Welt wurden Reste hoch geschätzt. Sie haben nur einen Nachteil: Es kann keine genauen Rezepturen für ihre Verwendung geben, denn Reste fallen nicht in bestimmten Mengen und Zusammenstellungen an. Für die Resteküche braucht man nur ein wenig Phantasie ... Kluge Menschen haben aber schon immer Reste bewusst produziert, etwa indem sie mehr Kartoffeln kochen, als gegessen werden können (kostet ja nichts extra!). Reste fallen manchmal auch geradezu zwangsläufig an, wenn man zum Beispiel einen Schmorbraten bereitet, der ja eine stattliche Größe haben muss, um zu gelingen. Oder einen Tafelspitz, der ja nicht einfach kleiner gemacht werden kann, sondern im Ganzen zubereitet werden sollte. Da gibt's dann köstliche Reste, etwa für einen

Tipp 100: Kluge Menschen haben schon immer Reste bewusst produziert, etwa indem sie mehr Kartoffeln kochen, als benötigt werden.

Rindfleischsalat mit Böhnchen und roten Zwiebeln, ein Carpaccio mit kräuterwürziger Mayonnaise oder eine feine Sülze ... Kreativ zu sein, verlangt doch eigentlich gar nicht so viel, oder?

101 Übrig gebliebene Pellkartoffeln

Wie oft bleiben da Reste! Wir produzieren sie regelmäßig mit voller Absicht. Für Bratkartoffeln, aber vor allem für Zwuler!

REZEPT: ZWULER

Dafür werden die **KARTOFFELN** gepellt, grob geraffelt und mit Mehl bestäubt. Mit den Händen locker durchwühlen, bis die Kartoffelflocken trocken wirken. Dann sofort in einer Pfanne mit **BUTTERSCHMALZ** anbraten, bis sich unten eine Kruste gebildet hat. Mit der Bratschaufel lockern, salzen, pfeffern, gern auch mit **MUSKAT** und / oder **MAJORAN** würzen und weiteres Butter-schmalz oder Öl hinzufügen. Alles unter öfterem Wenden braten, bis sämtliche Flocken goldbraun sind.

Als Beilage oder mit Sauerkraut und / oder einem Salat als Hauptgericht servieren.

102 Gemüse- oder Fleischbrühe
sozusagen aus „Abfällen"

Eine gute Brühe entsteht praktisch nebenbei und für kein Geld, wenn man beim Gemüseputzen die Schalen und Abschnitte nicht weg-, sondern in einen Topf wirft. Mit Wasser bedecken, wenig Salz, ein paar Pfefferkörner, ein Lorbeerblatt hinzufügen und eine Weile ausko-chen.

Abschnitte von Kohl sollten Sie nicht verwenden, die schmecken zu streng, und auf Kürbis, Zucchini, Auberginen und Bohnen können Sie auch verzichten, denn die bringen der Brühe nichts Positives. Möhren, Lauch, Sellerie, Zwiebel und Petersilie sind hingegen ein Muss. Abseihen und einfrieren, was Sie nicht gleich brauchen. Am besten in kleinen Portionsbechern, so haben Sie immer die nötige Menge zur Hand. Oder in Schraubgläsern einwecken – das spart Platz in der Tiefkühltruhe.

VARIATIONEN

Eine solche Brühe kann rein aus Gemüse entstehen. Aber wenn Sie ein Huhn zerlegen (siehe Seite 37), geben Sie Gerippe (Karkasse) und Abschnitte, Hals, Knochen und Häute dazu. Und die Abschnitte (Parüren,

GUTE BRÜHE

Tipp 102: Aus dem, was beim Putzen und Versäubern, Schälen oder Zuschneiden abfällt und man meist achtlos wegwirft, kann man ganz nebenbei feine Brühen kochen. Kleine Mengen in Eiswürfelbehälter abfüllen und einfrieren.

also Sehnen, Häute und Knochen) von Rind-, Kalb-, Lamm- oder Wild: stets in eine Brühe damit!

103 Sülze – kluge Resteverwertung

Fast alle Menschen essen gerne Sülze – aber fast nur im Gasthaus! Zu Hause bereiten sie nur wenige zu.

Warum nur? Es ist nicht schwierig und mit einer Sülze kann man ein völlig neues Gericht zubereiten, indem man Reste verwertet. Und wer klug ist, rechnet bei der Zubereitung von einem Braten, Siedfleisch (Tafelspitz!), Geflügel, Fisch oder Gemüse gleich den Rest ein, den man für eine Sülze braucht!

REZEPT: TELLERSÜLZE

Dies ist die einfachste Art, denn es kommt nicht so genau auf die Menge der Gelatine an, die man zufügt – im Gegenteil: Man kann etwa 10 bis 20 % weniger rechnen, denn das Gelee einer Tellersülze darf recht zart sein, während eine gestürzte Sülze ja bombenfest stehen muss. Das kommt auch dem Genuss zugute, denn Gelatine frisst geradezu Geschmack, weshalb die noch warme Flüssigkeit beim Abschmecken überwürzt erscheinen muss!

250 g **SCHWEINEBRATEN** würfeln oder in Scheiben schneiden. 2 **HARTGEKOCHTE EIER** achteln oder ebenfalls in Scheiben schneiden. 4 **CORNICHONS ODER KLEINE GEWÜRZGURKEN** sowie 2–3 rote **CHILISCHOTEN** (klein und scharf) oder 1 große und milde nach Geschmack fein würfeln. Alles hübsch in Suppentellern anrichten, dabei auch 200 g **GEKOCHTE GEMÜSE** (eine Sorte, besser mehrere gemischt: Erbsen, Bohnenkerne, Möhre, Blumenkohl- oder Broccoliröschen, Sellerie, Radieschen) dekorativ darin verteilen. ½ l **GEMÜSE- ODER FLEISCH-BRÜHE** (eventuell klären, siehe Seite 70) erhitzen und 4 Blatt in kaltem Wasser eingeweichte **GELATINE** darin auflösen. Kräftig würzen und über die Zutaten gießen, abkühlen lassen, kalt stellen. Mit Kräutern nach Belieben verziert servieren.

Wer mag, kann noch Mayonnaise (Seite 81) oder eine Vinaigrette (Seite 76) dazu servieren sowie Brot oder Bratkartoffeln.

104 Misslungene Sülze korrigieren

Ist sie zu fade geraten (weil man beim Abschmecken der warmen Masse nicht berücksichtigt hat, dass die Würzkraft im kalten Zustand geringer ist), einfach alles noch mal in einen Topf schütten, erhitzen, den Sud abgießen und kräftig würzen. Vor allem mit Salz und Säure (Essig oder Zitrone), dann erneut aufkochen, wieder in die Form füllen und erstarren lassen.

Sollte die Sülze nicht fest genug geworden sein, ein eingeweichtes Blatt Gelatine darin auflösen. Wurde sie zu fest, mit etwas Brühe und/oder Essig verdünnen.

105 Frittata – praktisches Flachomelett

Eine der wichtigsten Zubereitungen der italienischen Mama-Küche! Und das beste Grab für Reste, die niemand mehr als solche erkennen wird – von Ragouts jeglicher Art (Gulasch), Frikassees, Gemüsetöpfen und selbst Pastagerichten. Planen Sie also ein, dass nicht alle Nudeln aufgegessen werden können!

Sehr wichtig bei der Zubereitung: Die Reste müssen zuvor erwärmt oder angebraten werden. Dann nicht einfach die verquirlte Eimasse darübergießen, sondern stets die etwas abgekühlten Zutaten zu den verquirlten Eiern geben und untermischen! Nur dann bekommt man ein schön durchzogenes Flachomelett, denn bleiben die Zutaten auf dem Pfannenboden haften, stocken die Eier darüber und das Ganze fällt auseinander.

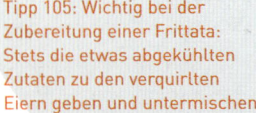

Tipp 105: Wichtig bei der Zubereitung einer Frittata: Stets die etwas abgekühlten Zutaten zu den verquirlten Eiern geben und untermischen!

REZEPT: FRITTATA

200 bis 300 g Reste eines **PASTA**gerichts in 1 EL **OLIVENÖL** erwärmen. In einer Schüssel 3–4 **EIER** verquirlen, 100 g geriebenen **KÄSE** (Parmesan, Grana oder alten Gouda), **SALZ** und **PFEFFER** unterrühren. Die Nudeln zufügen und untermischen, nach Belieben auch 2 EL gehackte **KRÄUTER** (Petersilie, Basilikum oder Rucola). In einer beschichteten Pfanne 1 EL Olivenöl erhitzen und die Eiermasse hineingießen.

Bei mittlerer Hitze stocken lassen. Erst wenn die gesamte Masse fest geworden ist, einen Topfdeckel oder eine Tortenplatte auflegen, das Ganze umdrehen und auf diese Weise stürzen, dann die Frittata in die Pfanne zurückgleiten lassen. Auch auf dieser Seite bräunen, dafür die Hitze ein wenig verstärken und womöglich noch ein wenig Öl darunterfließen lassen.

Die Frittata wird wie ein Kuchen in Stücke geschnitten. Dazu passt am besten ein knackiger grüner Salat.

106 Konfitüre kochen

Heute ist Kaloriensparen ja in allen Bereichen angesagt – leider auch bei Konfitüren, Marmeladen und Gelees. Deshalb verwenden die meisten Menschen Gelierzucker (oder Geliermittel), damit die Zuckermenge reduziert werden kann. Üblicherweise ist dies Pektin, gewonnen aus unreifen Äpfeln. Dagegen ist im Prinzip nichts einzuwenden, denn stets ist natürlich in den Früchten enthaltenes Pektin für das Gelieren zuständig. Allerdings kommt es in manchen Früchten mehr (Stachel- und Johannisbeeren, Äpfeln, Quitten, Mirabellen), in anderen weniger vor (Erd- und Himbeeren, Holunder, Kirschen, Birnen).

In Früchten ist aber auch Eiweiß enthalten. Und dies schäumt beim Aufkochen hoch. Um dies zu unterdrücken, wird Gelierzucker und anderen Geliermitteln etwas Öl zugesetzt, welches jedoch die Gelees und Konfitüren trüb macht – was nicht so schön aussieht. Durch die zugefügten Geliermittel kann die Kochzeit allerdings stark verringert werden, was die frische Fruchtigkeit der Konfitüren bewahrt.

Wer Konfitüren ohne Geliermittel kocht, muss sie so lange kochen, bis das in den Früchten selbst enthaltene Pektin die Konfitüre bindet. Langes Kochen bedeutet aber eine intensive Oxidation: Die Konfitüre oder das Gelee wird dunkler oder bräunlich, was auch nicht schön aussieht und den Geschmack karamellig verändert. Das lässt sich vermeiden, indem man in einem Kupfer- oder Messingkessel einkocht, wie das früher üblich war. Denn Kupfer wirkt als Katalysator, verhindert die Oxidation, die Konfitüre behält die frische, lebhafte Farbe und den reinen Fruchtgeschmack. Trotz längeren Kochens. Und die Konfitüre/das Gelee bleibt klar und appetitlich transparent.

Wir kochen unsere Konfitüren immer im Kupfer- beziehungsweise Messingkessel, nehmen erheblich weniger Zucker als unsere Großeltern – denn wir können die modernen Einmachgläser mit Twist-off-Deckeln (oder in der Spülmaschine gereinigte Konservengläser) nach der Befüllung noch sterilisieren. Das heißt, wir kommen mit fast so wenig

Tipp 106: Je frischer eine schwach gesüßte Konfitüre, desto klarer und ausdrucksstärker die Fruchtaromen. Deshalb empfiehlt es sich, Früchte einzufrieren und die Konfitüre erst kurz vor Gebrauch zu kochen. Früchte dazu im Kühlschrank auftauen lassen.

Zucker aus wie bei der Verwendung von Geliermitteln, können den Geschmack aber nicht nur bewahren, sondern sogar konzentrieren.

Inzwischen werden im Fachhandel wieder für teuer Geld Kupferkessel angeboten (von französischen Herstellern, die den heimatlichen Markt stets konstant bestückt haben), auf Flohmärkten kann man aber welche weitaus billiger erstehen – die sind allerdings mit ihrem nicht planen Boden nur für Gas geeignet.

107 Sterilisieren von Konserven

KLASSISCH ist der Einkochtopf mit Gittereinsatz und Thermostat (Elektro). Das ist bei größeren Mengen sehr sicher und praktikabel, bei kleineren Mengen umständlich und nicht sehr energieeffizient. Da bieten sich Backofen oder Dampfgarer an.

IM BACKOFEN: Gläser in das tiefe Bratenblech (Fettpfanne oder einen Topf) stellen, in den kalten Ofen schieben. Twist-off-Gläser brauchen keinen weiteren Schutz, Weckgläser mit Gummidichtungen mit nassem Zeitungspapier abdecken, damit das Gummi nicht trocken und rissig werden kann. Kaltes Wasser angießen und auf 140 Grad erhitzen, bis Bläschen in den Gläsern

aufsteigen. 10 Minuten (Konfitüren und klein geschnittenes Gemüse) bis ¾ Stunden (Wurstbrät, Fleisch in Sauce) diese Hitze halten, dann den Herd ausschalten und nach ½ Stunde die Gläser herausheben und mit einem Tuch bedeckt abkühlen lassen.

IM DAMPFGARER (ohne Druckfunktion): Temperatur auf Maximum regeln, die Gläser in den kalten Dampfgarer stellen, Gerät einschalten. Wie oben angeben weiter verfahren.

108 Käse aufbewahren

Rohmilchkäse: Im Kühlschrank, oberes Fach oder Schublade. Die Schnittflächen mit Klarsichtfolie oder Küchenpapier abdecken, ansonsten offen lassen, damit er atmen kann – seine lebendige Pilzflora schützt ihn vor schlechtem Schimmel. Weichkäse in seiner Originalverpackung aufbewahren.

Käse aus pasteurisierter Milch: Vollkommen in Klarsichtfolie einpacken, damit er nicht austrocknet oder unkontrolliert zu schimmeln beginnt – er verdirbt schnell. Oder in eine Vorratsbox verpacken.

Jede Sorte vor dem Verzehr Zimmertemperatur annehmen lasen.

109 Kräuterpüree

Eine Super-Basis für vielerlei Zubereitungen, auch zum im wahrsten Sinne geschmackvollen Verzieren von Speisen. Man kann es auf Vorrat für bis zu 2 Wochen im Kühlschrank aufbewahren (Schraubglas) oder einfrieren (Plastikdose).

Dafür Kräuter nach Wahl (zum Beispiel Reste von Petersilie, Basilikum, Kerbel, Estragon – auch eine Mischung) blanchieren. In Eiswasser abschrecken, gut ausdrücken oder in einem Tuch trocknen. Mit etwas Olivenöl, Salz und Pfeffer zum glatten Püree mixen (Küchenmaschine oder Mixstab). Ein Löffel davon färbt Cremesuppen oder

KRÄUTERPÜREE

Tipp 109: Kräuterpüree duftet toll und gibt allen Speisen eine schöne Farbe.

Saucen leuchtend grün und gibt Kräuterduft. Oder als Kleckse in einer Cremesuppe oder um eine Speise verteilen.

110 Tiefgekühltes Brot richtig auftauen

Brot taut bei Raumtemperatur langsam auf, doch dadurch wird es rascher altbacken und die Kruste weich. Bei Temperaturen von -7 bis +7 Grad erfolgt eine Rückkristallisierung der Stärke – das heißt, die beim Backen verkleisterte Stärke gibt das Wasser wieder ab. Folglich trocknet das Brot aus. Frischer schmeckt es dagegen so: Brot 30 Minuten bei Raumtemperatur liegen lassen und anschließend im Backofen bei 160 bis 180 Grad (Heißluft- oder Ober-/ Unterhitze) je nach Größe 10 bis 15 Minuten aufbacken. Baguette hingegen nicht antauen lassen, sondern nur kurz unter fließendes kaltes Wasser halten und ab in den vorgeheizten Ofen!

Noch fixer klappt das Auftauen, wenn Brot in Scheiben in das Tiefkühlgerät kommt. Sie lassen sich portionsweise entnehmen, im Toaster auftauen und etwas bräunen. Insbesondere Mehrkornbrot bekommt so Duft und Aroma.

111 Zu guter Letzt ...

Kochen muss nicht zwangsläufig zeitaufwendig sein oder Mühe machen. Je mehr man Bescheid weiß, was beim Kochen passiert und wie die Zusammenhänge sind, desto mehr kann man sich dabei von seiner Phantasie leiten lassen und umso mehr macht das Kochen Spaß. Und gibt es Schöneres, als was Gutes aufzutischen und damit sein Gäste, Freunde, Familie glücklich zu machen?

Kochen und genießen
mit Martina & Moritz

Bisher sind folgende Bücher im Verlag Edition Essentials von den dienstältesten deutschen Fernsehköchen, Kochbuchautoren und Foodjournalisten **Martina Meuth und Bernd (Moritz) Neuner-Duttenhofer** erschienen:

Lieblingsgerichte und Küchenschätze

ISBN 978-3-9816935-0-8

€ 22,- [D]

Heimatküche NRW

ISBN 978-3-9816935-1-5

€ 22,- [D]

Fernweh-Küche

ISBN 978-3-9816935-2-2

€ 22,- [D]

Weihnachten – Festmenüs · Backen · Geschenke · Ideen zu Silvester

ISBN 978-3-9816935-3-9

€ 14,90 [D]

Verlag
edition essentials

Verlag Edition Essentials GmbH & Co. KG

Rohrbacher Straße 41 · 69115 Heidelberg

info@edition-essentials.com · www.edition-essentials.com